天才の誕生

天才の誕生

あるいは南方熊楠の人間学

近藤俊文

岩波書店

岩村　忍
長谷川興蔵
の両氏にささげる

目　次

プロローグ

精神は健康と疾病との対立の彼岸にある(1)
——カール・ヤスパース

熊楠という謎

南方熊楠《みなかたくまぐす》という人はおおくの謎につつまれている。

その謎は、しかし、時をへてもいっこうに解かれそうにない。ふるい伝承をひめてけむる、霧ふかい那智熊野の深山のうす暗がりに溶けこんでいるかのように。

一九九〇年の南方没後五十周年を一つの契機として、熊楠ものの氾濫ともいえる現象、第三次熊楠ブームともいえるものが起きるのだが、それでもいま一つ真実の姿が見えてこないもどかしさがのこった。

十分すぎるほどにすぐれた熊楠論がありながら、解かれなかった謎。たとえばその謎の一つに、かれの没論理性ということがある。

南方には「論理」がない、とさいしょに指摘したのは、桑原武夫だったろうか。

彼にはルソー、ダーウィン、マルクスなどのように、その出現によって以後の学界の動向を一変せしめるような理論を見出しがたい。（中略）彼の仕事を推進したものと同じイギリス経験主義から育ったマリノフスキーがすぐれた理論家となり、日本でも彼と同じナチュラリストの系統から出発しながら今西錦司君が、その野外観察をふまえて独自の理論をあみ出しているのに対して、南方が個々の問題で手がたい仕事をつみ重ねつつも、全体として目立った理論体系を示さずに終った。[2]

いまや歴史的となった桑原のこの批評が、その代表的なものである。第一次熊楠ブームともいうべき一九五二年のことであった。

益田勝実にも、同様の見解がある。第二次ブームにあたる一九六八年のことだ。

彼の特に得手《えて》とするのは、「巨樹の翁の話」や「西暦九世紀の支那書に載せたるシンダレラ物語」のような資料の博捜である。（中略）（『十二支考』を——近藤）読めば興味尽きず、それからそれへと楽しい。知識の饗宴というのは、こういうものだろうか。

と同時に、（中略）『十二支考』は悲しみをも覚えさせる。南方のこの博識は浪費された知識ともいえないだろうか。（中略）豊富な資料を列挙していく。理論的加工がない[3]

と、豊かな熊楠の知識のいたずらな浪費をなげく。平凡社版『南方熊楠全集』を監修した岩村忍も「体系的叙述がない[4]」ことを指摘し、渋沢龍彦も「その体系を欠いた博覧強記[5]」と表現する。山折哲雄は「南方の多国籍民族学はその材料供給源の拡散の故に、論証の精度において柳田にはるかに及ばなかった。（中略）その精度の欠を補おうとして、南方熊楠はますます博引傍証という方法なき方法へと偏執していった」[6]とするのだが、これらの見解の延長線上には、「彼が科学的な体系を作り出せず、『雑俎』、英語で言えば miscellany の形でしか自分の仕事を残すことができなかった」[7]とする松居竜五の感慨がある。

ところが、第二次ブームがすぎると、それまでは関心をひかなかった土宜法竜《ときほうりゅう》あて書簡の重要性が、にわかにクローズアップされて、そこで表明されたいわゆる南方曼荼羅を根拠として、桑原、益田に代表されてきた熊楠の無論理性、無体系論にたいする反論があらわれる。その先達は鶴見和子であろう。鶴見は、桑原、益田の批判にたいする反批判として、南方曼荼羅を「森羅万象の相関関係の総体を図表にした」科学モデルで、アルバート・アインシュタインの相補性の原理のモデルに匹敵する、とまで称揚する。[8]

その鶴見も、科学における理論体系を構成する三つの要素のうちの「仮説的命題群の体系」に関連して、熊楠には「個々の仮説的命題はありますが、抽象的に書かれた仮説的命題の体系はない」[9]とわざわざことわらざるをえない。また別の機会には、南方の日本語論文は論理的構築を欠くこともみとめている。[10]

第三次熊楠ブームを牽引するおもむきのある中沢新一は、卓抜した熊楠論をやつぎばやに世におくったのだが、南方曼荼羅を、大乗仏教と近代思想の視点から分解、再構築して、そのエピステーメーとしての斬新性と包括性にたいする賞賛を惜しまない。その中沢も、「南方民俗学は大成できないところがある。公共物になりにくいから。大学で教えられないし。大学で民俗学を教えるためには、柳田のような体系づけが必要です[11]」と、これまた、南方学の「学」としての欠陥を指摘しているのである。

外国の研究者とてもおなじである。カーメン・E・ブラッカーは、一九八三年の英国民俗学会年次総会の会長講演で、「南方熊楠　無視されてきた日本の天才[12]」と題して、南方をとりあげた。英国で忘却の淵に沈んでいる熊楠の、いまいちどのリバイバルを訴えたのであるが、そのさいごに、柳田国男との比較論をおこなって、南方には柳田のような「理論」が発見できないことをつけくわえるのをわすれていない。

南方熊楠の人間学

知の巨人における没論理性。これは、いったい、なにを意味しているのだろう。たしかに、南方学の総体を概観するとき、土宜あての書簡を除いては、われわれは、構造的な哲学や理論体系の優越を発見することはない。

南方熊楠という人の謎は、それにつきるわけではない。

かれはなぜ、一生、やみがたく漂泊の想いに駆られたのか。なぜ、難渋な日本語論文や書簡と、端正で了解しやすい英語論文を書きわけたのか。なぜ、奇怪な柳田との決別があったのか。大切な学問の芽をおのれ自身の手でつんでしまうことを知りながら、なぜ大英博物館で英人を殴打したのか。なぜ、大学を卒業せず、生涯定職につかなかったのか。なぜ、あたかも渇酒狂のように飲酒に耽溺したのか。なぜ、つねに夢や幻について語ってやまなかったのか。世に喧伝される熊楠曼荼羅は、秘匿された曼荼羅の誕生の次第を、われわれに語っていないであろうか。かれの謎は、かれの天才とどうかかわっていたのか。謎はおおく、ふかく、そしてまだ十分に解明されたとはいえないだろう。

　ここにあげた熊楠の意識と行動の謎に挑戦するためには、いま巷にあふれている南方論に欠落しているなにかを、おぎなう必要があるのではないか。南方という途方もなく広大な存在の真実をさぐるには、〈人間〉南方熊楠についての〈学問〉が必要なのではないか。かれについての文献、書籍には膨大なものがあるにもかかわらず、この視点からアプローチしたものはすくない。わずかに津本一郎らによる、人間を精神病理学の観点からみる病跡誌《パソグラフィー》の先駆的な論考の一、二編[13]が目につくくらいであった。そのあと約十年をへて、熊楠の意識のメカニズムにきりこんだ小田晋《すすむ》によるすぐれた論考[14]があらわれる。しかし、歴史はそこで頓挫してしまう。

　いまいうところの人間の学とは、主体の自我の存在構造、その精神と行動の総体としての人間存在を対象とする人間探求のあり方で、全的な人間把握をめざすものであるが、つぎのような点に力点をおくものと定義しよう。すなわち基本的には、人間という存在を、社会的存在として把握するだけでなく、生物学的存在としてもとらえ、とりわけ、主体と環界《ウムヴェルト》との相互作用の動的機序によってもたらされる、精神や情動の力動や、行動様式のゆらぎを追求するものであると。

ここで、エルンスト・クレッチュマーの有名な定義も引用しておくのがよいだろう。

人間学的考察法は、この言葉を哲学的あるいは自然科学的な意味で用いるにせよ、あらゆる豊富な関連の中におかれている全人間というものに直面すること以外ではありえない。つまり、生物学ぬきでは人間は血の通わないものとなるだろうし、繊細な心理的な感情移入がなければ精神のないものとなる。(15)

南方熊楠のように心理的、そしてまた生理的な、原資料の豊富な対象にあっては、さいわいにもアプローチの自由度がたかい。

われわれはこれから、かれのとった行動や学問のあり方の意味を考える。書かれた作品の内容だけでなく、その文体とかれの修辞学の様式もまた見すごすことはできない。人間関係における意識と行動の変容のダイナミズム、自我と内的外的環境が協調したり相克したりする諸相からも豊饒な実りが期待できよう。そのうえ、過去のおおくの天才の誕生に手をかした薬物耽溺、熊楠のばあいは、ほとんど周期的な渇酒もある。そして、ときとして交錯する夢と幻覚の饗宴も、熊楠の精神の律動を了解する鍵となるのかもしれない。熊楠という天才の誕生の条件が、そこやここにひそんでいるのではないか。

われわれの人間洞察の学は、このような材料をもちいて、天才的個性の悲劇的パトスやその実存にせまることで、かれの先天的・後天的素質のなかに伏在する法則をあきらかにし、その人格の構造の真実を解剖しようとする。そのためには、心理学や精神分析学、ときには精神病理学的なアプローチをする必要もあるだろう。ただ、現代の精神病理学《プシコパトロギー》では、人間の精神《プシュケー》を解明するにはまだあまりにも未熟な神経科学《ニューロサイエンス》や大脳生理学の方法を迂回し、主体の意識や行動の変容を、主体と内的外的環界の相互介入によって発動される過程として重視する、現象論的、状況論的、かつ思弁的な方法を〈人間学〉的アプローチとして採用する。われわれも本書でこの立場から出立するのであるが、さいごには、いまあたらしい転回をみせはじめている精神の科学、主体自我の自己認識《エピステミックス》[16]、すなわち、自我とその内部世界ならびにそれをとりまく環界についての自然科学的認識論《エピステモロジー》に回帰して、この作業をおえるであろう。なぜなら、実体を欠きながらも顕勢態《エネルゲイア》として顕現するプシュケー(精神)と、それを生む実体である潜勢態《デュナミス》としてのピュシス(神経組織)というたぶん相補的な二者、あたかも量子論における粒子と波動のような関係にある二者[17]、の統合的認識があってはじめて、主体による自我の完全なる認識が完結されるだろうからである。

第一章　漂泊する固執者

漂泊する熊楠

南方熊楠の人間学を探求する第一階梯として、まずここでは型どおりに、かれの一生の足跡を追うとともに、かれの全業績をごくスケッチ的に俯瞰することとしよう。

その作業がおわり、われわれの脳裏に残像するもろもろの表象のなかから、すぐれて特徴的なものを模索するとき、しいて言語化すれば、われわれは、〈固執する漂泊者〉という逆説を発見するだろう。漂泊者としての熊楠であるとどうじに、固執者としての熊楠が結像する。漂泊者とは、漂泊のために漂泊をする人である。固執者とは、あたかも固執することに根源的価値があるかのごとく固執してやまない人である。その定義からして、ほんらいは背馳するものが、南方という一者において、みごとに併存しているのが鮮烈な印象をあたえずにはおかないだろう。

熊楠における漂泊者とはどういうことなのか。まず、それをしばらく考えてみよう。

成功した富裕な商人の次男として生をうけた南方熊楠は、和歌山中学を卒業したあと、神田共立学校をへて、明治十七年(一八八四)、十八歳のときに天下の秀才が蝟集《いしゅう》する東京大学予備門に入学するのだが、翌年には、前期試験で落第した同級生の正岡子規をおうように、後期試験で落第してしまう。代数のみが合格点にたっしなかったためであった。受験者の半数ちかくが落第をするといきびしい試験で、そのことが退学の理由となることは普通にはなかった。夏目漱石も翌年には落第留年しているし、子規などは、二度も落第して、予備門をでるのに六年かかっている。だが熊楠は、明治十九年二月に、「疾《やまい》を脳漿に感」(2)じたとして、予備門を退学してしまう。

この事件が、南方の漂泊の原点となった。その年の暮れ、かれは横浜からサンフランシスコにむけて、足掛け十四年にわたる放浪の旅をはじめるのである。

明治二十年からその翌年にかけて、サンフランシスコからネブラスカ、シカゴをへてランシングのミシガン州立農学校におちつくのだが、そこも一年くらいで退学して去り、明治二十二年から二十四年までミシガン州アナーバーに逗留することになる。そこから、急に中南米ゆきを思いたって、同年八月にはフロリダの最南端キーウェストにいたる。翌九月には、さっそくキューバ島のハバナにわたり、そこで知りあった曲馬団《サーカス》とともに、西インド諸島をはじめとする中南米諸島を巡行したともいわれる。その詳細は不明であるが、八坂書房版『南方熊楠日記』で見るかぎりでは、キューバ島から外には出ていないようである。しかし、平凡社版『南方熊楠全集 別巻2』巻末の「年譜」によると、南方の採集標本の記載からは、ハイチのポルトープランス、ベネズエラのカラカス、バレンシア、ジャマイカ島などに足跡をしるした可能性があるということになっている。(3)いずれにしても、明治二十五年一月には、ハバナ経由でキーウェストに帰ってくる。その年の九月、ニューヨークからロンドンにむかって出航し、十三日間の航海ののちにあこがれのロンドンに到着するのである。

ロンドンにはまる八年滞在するのだが、そのあいだに南方の学問が花ひらいた。それまで孜々《しし》としてつとめてきた努力がむくわれて、学問的には、しあわせな英京の日々があったはずだ。しかし、好日はながくはつづかなかった。しだいに暗雲が垂れこめてきて、ロンドン生活はみじめなものとなる。明治三十三年九月には、ロンドンをあとにして、十月に神戸港埠頭に降りたつのである。そのあとの四十一年間は、一、二の例外をのぞいては、ほとんど旅行することもなく、草深い、柳田国男の表現をかりれば、無鳥の南紀伊に隠遁者のような生涯をおくったのであった。

南方の、七十五年にわたる永い一生のうち、漂泊の人生はわずか十四年にすぎない。それも、そのうちの大半はロンドンに滞在しているではないか。それをなぜ、あえて漂泊の人とよぶのか。

この設問にたいしては、つぎのように答える以外にないだろう。それは、天才熊楠の闇につつまれた心のなかを照らしみて、かれの人間存在の真実に肉薄することで、はじめて納得される性質のものであったのだ、と。

まず、放浪のスタート、熊楠の渡米の真の動機はどこにあったのだろうか。じつは、意外なことに、それがはっきりとしないのだ。

かれは、サンフランシスコ到着直後にパシフィック・ビジネス・カレッジに入学しているが、当時のサンフランシスコの反日感情のたかまり、物価高、それになによりも、この学校の質の悪さを嫌って、シカゴのベイヤント・アンド・ストラットンズ・ビジネス・カレッジに転校する計画をたてる。(4) しかし、けっきょく、そこにも行かずに、商業とはあまり縁もなさそうなミシガンの州立農学校に入学するのだが、渡米直後には、商業学校をえらんでいることに注目しなければならない。商人の子として、南方は商業、経済を勉強しようとして日本をはなれたのだろうか。

「明治拾九年拾弐月、余将に米国に赴き商賈《しょうこ》の事に従んとす」(5) というかれ自身の記録がのこっている。また、美少年羽山繁太郎にあてて米国からおくった写真の裏面には

僕も是から勉強をつんで、洋行すました其後は、ふるあめりかを跡に見て、晴る日の本立帰り、一大事業をなした後、天下の男といはれたい(6)

という有名な文句も書かれていた。この一大事業とは、これまでの文脈からすれば、商業的な事業とみなしてよい。そうすると、将来は商賈のことに従事することが、父弥兵衛とかわした渡米条件であったのかもしれないと想像される。

しかし、熊楠の書いたものをそのまま信じれば、これは自家撞着なのである。というのは、のちのちかれは、じぶんは商売にはむいた男ではなく、そのことをなによりも父がよく見抜いていて、じぶんには学問の道をえらばせ、弟常楠に家督をつがせた、と何度も述べているからである。それが本当なら、熊楠は商賈の道をえらぶ必要はなかったはずだ。商業にかんすることをまず勉強して一大事業をうんぬんは、渡米後の行動からみても、父弥兵衛の熊楠は商売にはむいていないという

考えからしても、大学予備門まで中退して洋行する動機としては、いかにも首尾一貫性に欠ける理由なのである。南方は、のちに岩田準一にあてて、つぎのような書簡をだしている。

（……父と兄の間柄、常に面白からず、しかる上は小生は次男ゆえ、父は次男の小生と共に家を別立するような気色あり。小生の妻を定むなどいう噂もきく。しかる上は勝手に学問はできず、田舎で守銭虜となって朽ちんことを遺憾に思い）、渡米することに決し候(7)

というのだから、ようするに、結婚させられて商売人になるのがいやで渡米したのだ、とここでも言っているわけだ。

南方が、明治書生のナショナリズムから渡米を計画したという見方がなりたたないこともない。かれ自身が、渡米送別会の謝辞としてつぎのように述べている。

されば今日、日本人が欧米に入りて、その土をふみ、その物をみ、その人間の内情を探り、資《と》るべきはすなわちとり、傚《なら》うべきはすなわち傚い、もってみずから勖《つと》むることははなはだ要用なりとす。これ余の今回米国行を思い立ちし故にして、時期もあらばなおまた欧州へも渡らんことを欲しおれり(8)。

人種間、国家間の競争に勝つために、外国事情を米欧に見てまわるのだという、いささか国士的言辞を弄してもいる。また、当時のベストセラー東海散士柴四朗の『佳人之奇遇』の「十尺の自由を内に伸ばさんより、寧《むし》ろ一尺の国権を外に暢ぶるに在り」という明治の国家主義意識の影響を、人なみにうけたとも言っている(9)。ところがいっぽうでは、新井勝紘(10)の研究や八坂書房版『日記』の発刊によって、渡米した南方と在米の反政府的な自由民権グループとの接触があったことも知られている。いずれにしても、南方がなにか政治的なモティベーションによって出国したとは断定しがたい。

また、大学予備門を退学した南方が、翌年にせまった徴兵検査をのがれるために渡米したという見方もある。[11] もし、南方が徴兵検査に合格する可能性があるのであれば、一つの、しかも大きな理由の一つであったと思われる。だが、脳漿に疾《やまい》をかんじて、予備門を退学しなければならなかった病人南方は、徴兵を免除される可能性のほうが高かったのではなかったか。明治十三年和歌山県発布による「徴兵取調方心得」の徴兵免除の届出書の書式には、精神に障害があるばあいの規定がふくまれていたことを、仁科悟朗が指摘している。[12] 少なくとも、当時の南方にかんする基礎文献のなかには、徴兵忌避説をうらづけるものはほとんどないようだ。それどころか、渡米をする年の春、南方は軍服に身をかため仕込杖をもつといういでたちで鉛山《かなやま》湯崎温泉にでかけているというのだ。[13]

このように見てくると、父親を口説きおとすのに、ある種の口約束はしたかもしれないけれど、渡米の時点で南方が確固とした信念にもとづいて行動していたとは見うけられない。

では、生得的に家族愛の強烈であった熊楠を衝きうごかし、父、母との死別をも辞さない行動にかりたてたものは、いったい、何だったのか。

精神に疾をえて、「ふらふら病」[14] となって人生の第一歩で挫折し、故郷和歌山にかえった青年熊楠を、家族をはじめ同郷の友人たち、とくに羽山家の人々は暖かくむかえるのだが、それによって、かれの心の傷痕が完全に癒されることはなかった。帰郷当時のかれの『日記』には、病んだ日の記録が散見される。羽山家への旅立ちも、頭痛のはげしさゆえに日延べしなければならなかったし、(15)渡米を前にして、友人たちによって計画された盛大な送別会さえも、かれの病気によって延引されざるをえなかった。(16)それは、どのような病気であったのだろう。健常な日と、まぬがれがたく病む日とが交錯する日々が、『日記』からはうかがわれる。

平板な安全のなかでの療養の月日をすごすうちに、病から逃れられない不条理な日常に変貌した現実が、砂を噛むような、かれにとっては耐えがたい実存的空虚をうむようになったのではないだろうか。この空虚感からの脱出こそ、南方に渡米を決断せしめたものではなかったのか。二月に和歌山にかえり、健康状態も改善にむかっていた十月に渡米の許しを得ている。焦燥感にあおられて、かなりあわただしく、旅立ちを思いたったのではなかったか。

在米四年あまり、こんども突如として南方は中南米にむけて旅立つのだが、その動機も行動の詳細も不明な点がおおく、かれの謎の一つとされてきた。親友喜多幅武三郎にあてては、つぎのような理由が述べられているのだが。

小生ことこの度とほうとてつもなきを思い立ち、まず当フロリダ州から、スペイン領キュバ島およびメキシコ、またことによれば（一名、銭の都合で）ハイチ島、サン・ドミンゴ共和国まで、旅行といえば、なにか武田信玄の子分にでもなって城塁などの見分にでも往くようだが、全く持病の疳積にて、日本の学者、口ばかり達者で足が動かぬを笑い、みずから突先して隠花植物を探索することに御座候て、顕微鏡二台、書籍若干、ピストル一挺提帯罷り在り、その他捕虫器械も備えおり候。虫類は三、四千、隠花植物は二千ばかり集める心組みにて、この辺はあまり欧米人の探索とどかぬ所ゆえ、多少の新発見もこれあるべしと存じ候。(17)

この手紙から、われわれに了解できる動機としては、動植物の採集旅行が主目的であったということだけだ。この旅行については、南方はおおくを語らない。が、いっぽうでは、あまりにもおおくを語りすぎてもいるようなのだ。

「熱血児である若き日の翁はキューバ革命に身を投じ各地に転戦したが、左胸部に盲貫銃創を受け野戦病院に後送(中略)翁が支那の革命家孫逸仙と相知り交りを結んだのは此のキューバ時代」とした中山太郎による武勇伝も、「ひょっとするとこの痛快譚の発生源は酔っぱらった熊楠が客をもてなすつもりで壮大に喋りあげたものかもしれない(18)」とする神坂次郎の解釈は、的を射ているとおもわれる。熊楠はそのときの気分で、とくにかれの多幸状態のサイクルのときには、無邪気な法螺をふく癖があった。

南米行きの現実は、ずいぶんと苦労があったにちがいない。サーカスについてまわって、無筆の団員の恋文の代筆をしたり(19)、象使いの指示にしたがって象が載る台を出し入れするのが、サーカスでの熊楠の仕事だったという(20)。この旅行で、熊楠はどこまでいったのか。中南米まで足をのばしたのか。そこまで、曲馬団チャリネと一緒だったのか、南方の単独行動の部分もあったのか。いずれにしても、当時としては、危険をともなう冒険旅行であった西インド諸島探訪も、周到な準備をした形跡などはなく、本人の言うように急に「とほうとてつもなき思い立ち」で出かけ、そのために「落魄して曲馬師《きょくばし》の窠中《かちゅう》に寄生(21)」するはめになるのだが、漂泊に憑《つ》かれた人でなくては、このような決断はくだせないだろう。無計画な決断をしたあげく、じぶんの行動は持病の「癇癪」からでたものだと、自己了解している。

ところが、キューバ行きについては、のちに土宜にあてて、

前年南米へ行くとて語学など致し、また金積み候に二年余かかり候を、人はほらなりなど申し候(22)

とじぶんの放浪、漂泊が十分に準備されたもので、思いつきではないことを主張しているのだが、『日記』で見るかぎりでは、額面どおりにはうけとれない。友人三好太郎の帰国の送別にかんする記事がつづく『日記』のなかで、まったく唐突に、なんの予兆もなく、熊楠自身のアナーバー出立の記載があらわれる。明治二十四年四月二十九日のことである。たしかに、博物学上未開拓の分野である中南米にたいしては、はやくから目をつけていたのではあったろう。フロリダをへて、ハバナにわたるのだが、ふたたび米国にかえるまで植物採集に専念しているからである。

この「とほうとてつもなき思い立ち」を熊楠にさせた動機をさぐるために、アナーバー出奔前後の熊楠の生活の詳細にたちいってみるとしよう。

祝祭の果ての遁走

アナーバーのミシガン大学の留学生（じつは、南方は大学には在籍していなかったが）とまじわっているあいだに、熊楠は派閥的抗争に巻きこまれてしまう。大学当局が後押しをする禁酒派（熊楠にいわせれば偽善派）と尊酒派との対立であった。もっとも、騒動好きの熊楠のほうから進んで巻きこまれたふしがあり、二代目新門辰五郎と自称して、尊酒派の旗頭というか、切込み隊長格であった。

長谷川興蔵が、熊楠の日記や「珍事評論」を発掘してくれたおかげで、そのへんの事情が明瞭になった。熊楠は「大日本」や「珍事評論」という手書き新聞を発刊する。「珍事評論」は、おとくいの画筆もふるって、熊楠の独力で三号まで作製するのだが、それに拠った熊楠は、反対派たたきに大奮闘するのである。

> 南方は根気強く珍事評論となんいへる新聞凡そ四枚八葉のものを出し、一一人の非をあばく。一同呆れはて言も出ず。万一かれこれいふときは、南瓜《カボチャ》の肉を去り其中へ小便をたれこみ平気でかつぎ往きなげこみ、又杖で室内の鏡を破り窓をこわす。又夜中に家の入り口えへどをはきに往く故、一同益々おそれて服従す[23]

と、当時の常軌を逸した奮戦ぶりを、友人に書きおくっている。

だが、正義派ぶって偽善派を断罪する刃からの返り血を、かれ自身があびないわけはなかった。カーニバル的な狂躁の日々、[24]〈祭のさなか intra festum〉の生活をおくるなかで、[25]曇りの日の熊楠の苦悩は、しだいに耐えがたいものとなっていったことであろう。早晩、まぬがれがたい破局に直面せざるをえなかった。明治二十二年四月には、ついに三年ぶりに発病している熊楠であった。二十四年の正月からは、連日の酒に溺れるようになり、そのあげく三月十六日には、親友三好太郎の部屋で暴力をふるう。

夜三好氏室にて乱暴、ランプ火ともりしまゝ及机砕く。[26]

こんな、牢騒の日常のなかで、熊楠の神聖な学問への野望が成就されるはずはなかった。その不安がかれの精神をゆさぶり、実存的空虚感がひろがっていく。祝祭的日常が一転して、現実嫌悪の感情がかれの精神のなかで瀰漫《びまん》していった。

その帰結が、アナーバーからの突然の出奔となってあらわれたのではなかったか。長谷川は、それまでの「自己の残滓《ざんし》の反映として憤懣のたねでもあった留学生社会を、「珍事評論」という紙爆弾で攻撃して」[27]フロリダに遁走したと解説している。

また、植物収集家のカルキンスが、なにがしかの費用を出して熊楠に採集を依頼したのではないかという推測もある。[28]たしかに、ハバナでの『日記』には、いちどだけ、カルキンスからの送金の記事がみえる。カルキンスの財政的援助があったのであれば、まんざら全くの無謀とはいえないが、どうも、最初から最後まで象使いの日本人のお世話になっているところを見れば、カルキンスからの継続的な資金援助はなかった、と考えてもよいのではないだろうか。いずれにしても熊楠は、当時としては大遠征のこの採集旅行を、周到な計画をたてることもなく、また将来を思いわずらうでもなく、人目には、かるい気持ちで実行にうつしたと見えてしまう。

熊楠とはがんらいそういう人物であったのだ、としか言いようがない。

ロンドンにわたったあとも、地球規模の漂泊への想いのたけを述べている。目的地が、諸宗教との関連で展開しているだけでなく、仏僧、イスラム僧、梵教徒、そしてさいごにはチベット僧となるだろうと宣言している。熊楠の宗教への過剰な傾斜が、架空の「宗旨替え」(29)という形であらわれて興味ぶかい。

私は近年諸国を乞食して、ペルシアよりインド、チベットに行きたき存念、たぶん生きて帰ることあるまじければ、父の墓を見ることも得ずと存じ候。(中略)

小生はたぶん今一両年語学(ユダヤ、ペルシア、トルコ、インド諸語、チベット等)にせいを入れ、当地にて日本人を除き他の各国人より醵金し、パレスタインの耶蘇廟およびメッカのマホメット廟にまいり、それよりペルシアに入り、それより舟にてインドに渡り、カシュミール辺にて大乗のことを探り、チベットに往くつもりに候。たぶんかの地にて僧となると存じ候。回々《フイフイ》教国にては回々教僧となり、インドにては梵教徒となるつもりに候。命のあり便のあるほどは、仁者へ通信すべし。インドよりチベットへ行く途ははなはだ難《かた》き由申せども、私考にはなんでもなきことと存じ候。むかし玄奘、法顕諸師のことはさておきぬ、回々教のイブン・バツタと申すもの、アフリカ、インド、支那、チベットの間七万五千マイルをあるきたることの記録ものこりおり候えば、運命さえあらば何するもできぬことはなく、運命なければ綿の上へ死ぬ人もあることと信ぜられ申し候。(30)

この手紙は、明治二十七年三月ころに出されたものとされている。ロンドンに到着した直後に父の死を知らされたのではあったが、渡英後すでに一年半くらいたっていて、その間に『ネイチャー』に二編の論文が採用され、さらに新稿を準備していたころであり、新進の学者としての出発点にたった、希望に燃えたロンドンでの生活がやっと緒についたばかりである。そのときにもう、かれは、つぎなる放浪の旅を夢みているのだ。熊楠の漂泊への想い(31)が、いかに根源的なものであったかが知られるであろう。

熊楠の潜在意識には、常時、漂泊への想いがとぐろを巻いていた。かれの情動の曇りのときに、現実の世界がとつぜんに否定的な、不条理なものへと変容して、それからの脱出が緊急なテーマとなったのではなかったのか。そんなときに、隠れていた漂泊への傾斜が強烈な衝動となって表在意識にのぼってくるのだ。それにたいして、かれは、ほとんど逆らうことができなかった。つぎのような文章に接するとき、ひとしお、その思いをつよくする。ロンドンから帰国して、十年ばかりたっていた。

拝啓。那智山事件切逼、また神島のことも然り。

別封『牟婁新報』七枚進じ候間、何とぞ貴下これを徳川頼倫侯、松村任三氏（白井光太郎氏に聞かば住処分かる）でも宜しく、また誰にでも貴下のもっとも認めて有力とする人に頒ち、救済の方（とて別になく差し当たりは保安林とするにあり、知事へ訓示あらば宜し）を立てられんことを望む。『新報』の記事は権多実少で、実際植物など日本中にさがさばまだこれを産する地あるべきも、とにかくに本州ではこの辺のみが亜熱帯植物を特産すること、分布学上の大材料たるは誰も異論なかるべし。

小生は前書申し上げしごとく、大英博物館で多年こしらえし抜書集を、かたはしから大英断もて調査するあいだ、小生へ聞かれたき諸題および委細の事項を、なるべく多く書きつけて送らるれば、いっそ大浚《さら》えついでに、少なくとも一事ずつでも、原文と訳文を書きつけ差し上ぐべく候。

貴説出た後で加えるよりは、前もって注意申し上げ置く方、はなはだ宜しかるべし。

小生は日夜見ること聞くこと、いやになり候。よってこの地を方付け、書籍標品を売り払い、妻子に扶持料を遺《のこ》し、海外へ行かんと存じおり候。（傍点近藤）

四十四年八月九日　　南方拝

柳田君　机下

前日申し上げ候いし山の神の仮面《めん》は、「帝国文庫」の『黄表紙百種』に出でたり。この書を校せし幸堂得知氏（と存じ候）に通知して、その原本を見ては如何にや。

大学助手牧野富太郎氏（只今九州へ行き不在）来信によれば、頼倫侯も那智のことは懸念されおる由なり。何とぞ木下氏でも頼み、那智および神島その他のことを申し上げられたく候。
明治四十四年八月九日夕五時(32)

傍点をうった二行は、書簡の脈絡とはまったく無関係に、稲妻のごとくあらわれて、消えている。その前後には自然保護のこと、「ロンドン抜書」のこと、山の神の仮面のことなどが、主要なテーマとして述べられている、普通の手紙である。そのなかに、突如として、きわめつけの厭世感情の吐露が挿入される。(33) われわれはここに熊楠の多重する人格を見ることもできるだろうし、かれの潜在意識のとつぜんの動揺と解釈することも可能であろう。しかしここに、思考と情動という、古くからわかちがたくむすびついていると考えられてきた認識論の二要素が、じつは、異なった二つの解剖学的かつ進化論的二分論《ダイコトミー》にねざしていて、思考と情動がときに分裂してあらわれる、とする現代精神神経科学の論理を想起することもできよう。(34) たしかに、熊楠は思考と情動が分離して表出されることのある稀なる存在であった。いずれにしても、われわれはここに、南方の人間存在を支配し、その人生航路を左右せずにはおかない精神の特徴をかいまみるのである。

帰国してからの四十有余年にわたる紀伊での隠棲のあいだも、外国への脱出、放浪への想念から南方は解放されることがなかった。大正五年の土宜あて書簡を見てみよう。

小生海外より帰国に及び候にはよくよくわけのあることにて、小生は一生海外に留まり得ざりしを今に大遺憾に存じ候。(中略) 子供二人(男は十歳、女は六歳)の成立後のことを慮り、多年蔵蓄の書籍什物標本を(主として外国へ)売却せんと存じ候も、何様多大のもの、かつ科学に渉れるものはその物の性質明白なると一向分からぬとは大いに価値にちがい有之《これあり》。只今までの借宅にては手狭にて何とも致し方無之《これなきよ》因り、今度なき袂をしぼり四千五百円で四百坪余の(小生に取りては)過分なる広き邸を買い取り、それに立て籠り一意客を謝して右の書籍と標品の整理調査にかかり申し候。これらしらべおわり売却して子供の資金ができ候わば、小生は日本を遯世《とんせい》致し外国にゆき流浪して死ぬつもりに御座候。小生自由独行の念深く、またことに本邦の官吏とか博士とか学士とかいう名号つけたるものをはなはだ好まず。日本にありては埋もれおわるか自暴自棄のほかに途なく候。(35)(傍点近藤)

簡単には評言をゆるさない、逃げ場のない熊楠の根源的な憂愁がにじみでて、読む者をして粛然たる気持ちにさせる一文である。それは、

花千日の紅なく、人百日の幸いなし、「人生不如意なるもの十のうち常に八、九なり」、浩歎のほかなし(36)

というペシミズムにも裏打ちされていたものであったろう。

最晩年にあっても、

小生自身は速くこんなあくどき所を高飛せんと存居候(37)

と漂泊への思いを吐露する熊楠であった。死のわずか一年まえのことである。

これに似た止みがたい旅への衝動を、われわれはビンセント・ファン・ゴッホという泰西の画家に見ることができる。(38)これは、奇妙な偶然の一致であろうか。

固執する熊楠

いままで見てきた漂泊への断ちがたい情念も、つまるところ、熊楠における固執の一面といえなくはない。

固執する者としての熊楠は、かれの全業績を概観するときに、まずわれわれの脳裏にむすぶ熊楠像ではないだろうか。森羅万象を論じ、あれだけ膨大なマニュスクリプトを遺し、いく先々であれほど話題を提供した南方は、その全行動でかれの業績を体現して見せたようなところがあった。その業績の総体が、固執し、粘着する情熱によって衝きうごかされていたのではなかったか。

かれの学問とは、ただひたぶるに、読み、写し、集め、書くことであったように見えてしまう。南方におけるこの四つの行《ぎょう》は、共通する根のようなものに由来していた。

幼少時代の写本からはじまって、「ロンドン抜書」「田辺抜書」とつづく一貫してかわらなかった写字生[39]としての苦行も、珍物を手あたり次第にあつめる情熱も、垂れながすように書簡や論考を書いた衝動も、固執というかれの行動の基本パターンから派生したものとして、一生をつらぬいていた。

『日記』を見ると、熊楠は、明治四十四年から大正二年まで、大蔵経その他の仏書の写本や抄本をほとんど連日のごとくおこなっている[40]。そして、しばしば、抄経や写経で夜を徹している。笠井清によれば、『田辺抜書』は日本紙の罫《けい》紙の一行に、二行ずつ米粒大の細字で書かれたもので、晩年まで続けられ、一二五字詰二〇行四〇〇ページの冊子が六〇冊[41]」という膨大な量であるという。その内容の詳細は不明であるが、『日記』で見るかぎりでは、仏教書がおおいのではないかと想像される。いっぽう、「ロンドン抜書」のほうは、その目録が月川和雄・松居竜五によって編纂されているので[42]、かなり詳細にその内容を知ることができる。これも、二百四十頁のノートにびっしりと書きこまれたものが、五十二冊あるという。「旅行記、探険記、地誌の類が全体の半分以上を占めてい」て、「世界各国の伝承や風習を含んでおり」「抜書がその全体として世界の民俗学地図となっている」。「また、性愛学に関する事典類などからの引用も多[43]」いとされていて、熊楠の主要な関心がどの分野にあったかを示唆している。

南方の独学は、幼少の時から死ぬまで持続された写本が基礎になっている。いわゆる「履歴書」によると、「八、九歳のころより二十町、三十町も走りありき借覧し、ことごとく記臆し帰り、反古《ほご》紙に写し出し[44]」という方法で、『和漢三才図会《ずえ》』百五巻を三年がかりで写本したという。対象を凝視し、あとになってその映像をリアルに脳裏に再現する能力は直観像素質《アイデティーカー》とよばれるもので、あとで詳述するように、小田晋が夢幻様《オネイロイド》・人格《パーソナリティ》の特徴の一つにかぞえているものである。その典型として小田は、熊楠と明恵《みょうえ》上人を、そしてひかえめながら空海の名もあげる[45]。明恵上人も、東大寺の一切経の経蔵で『倶舎論』についての文献を暗記し、住坊にかえってから書写したという[46]。写本という方法論こそ、世に博覧強記を喧伝された熊楠の記憶術の秘密であり、南方学をささえた和漢印洋にわたるデータベース構築を可能にしたものであった。熊楠は生涯写本や抄本をつづけることで、たえず新しいデータをこれに追加していた。ただ、このデータベースは、あまり合理的には整理されていなかったようで、必要な項目を抽出する作業に難渋する話が日記や書簡、愛娘文枝の文章などに出てくる。それでも、読者に「あたかも嚢中に物をさぐるがごとく、適時適処にデータを取り出してみせる[47]」手腕のあざやかさを感嘆せしめるには十分であった。

熊楠は、『本草綱目』『大和本草』『和漢三才図会』『諸国名所図会』『日本紀』などの書写を八、九歳ころからはじめて、十五歳ころまでには完成していた[48]。この年代で、それをなしとげた直観像素質者としての集中力とするどい感受生は、持続力と絵画の才能ともども、けたはずれのものであった。そして、このときの蓄積が、幼年期の密教体験とともに、原初的刷り込みとなって、かれの博物学や人文科学の熟成の基礎となった。「小中学時代の愛読書をみると、熊楠の一生の方向は、この時に明示されているようである。人の愛読書はその各時代によって変移することを常とするが、彼の場合、少年期の愛読書が一生の学問と密接に結ばれているのは興味あることといえよう[49]」と、笠井清も指摘するところだ。

また、熊楠は、珍物とみればなんでも手あたりしだいに集めた。考古学的な逸物から、珍書、稀《き》覯本《こうぼん》のたぐい、切手(在米中には、ずいぶんお金もつかっている)、珍しい小動物、おびただしい種類と量の植物。

那智山中での一日を見てみよう。

明治三十六年四月十八日
朝九時頃向山に入り、それより三ノ滝の上十余町斗《ばか》りの所に出、三ノ滝、二ノ滝より一ノ滝過、新街道を下り帰れば四時也。所獲、カマツブシ（黄色花のツ、ジの大灌木也）、帽菌数種、菌多種、変形菌数種、ユウレイタケ、藻二種、天南星《てんなんしょう》、蜘蛛《くも》数種、ミトルラ一種、キセルガイ一種。小蛞蝓《なめくじ》一、木に附るをとる。又ゼンマイをとる。三滝の上にてハルノタムラソウ苞将《まさ》に開んとする所也。*Asplenium Rhigina* か一、炭焼窯の壁上に生ずるをとる。細葉ミヤマキケマン。[50]

七時間にわたって那智山を跋渉し、変形菌から、各種動植物、くも、なめくじのたぐいまで収集している。眼に入るものすべてを集めなければ気がすまない固執する情熱、たんなる博物収集家をこえるなにかが感じられる。植物にかんしては、とくに熱心に収集した。それは、菌類、藻類、蘚類、苔類から顕花植物におよぶ。なかでも、茸、粘菌にたいする執念は超人的ですらあった。

キノコ類の中には特定の地域にしか見出し得ぬものもあり、また一年を通じわずか数時分しか姿を保たぬために見失いやすいものもあるので、中には同一種につき数年にわたり、それが生じた時ごとに現地を訪ねて追加記載をされた跡もしばしば見えます。[51]

一つの茸のきわめて短い命の観察のために、数年にわたって調査行をくりかす執着が、未刊の四千五百種、一万五千枚におよぶともいわれる日本産菌蕈類《きんじんるい》彩色図譜稿本やアルコール漬け珍品標本をはじめとする数しれぬ逸物の山をきずいた。それらを納める南方の収納庫を、荒俣宏はいみじくも、十七、八世紀に大流行したという西洋貴族の珍品部屋《ブンダー・カンマー》にたとえる。[52]この珍品部屋に収納されている標本、珍物こそ、さきの土宜あて書簡で、整理して外国に売却したいといっていたものにほかならない。

無私無欲の没入

博物学《ナチュラル・ヒストリー》は、アリストテレスからラマルクにいたる動植物の分類の歴史でもある。分類して、体系化することは、生態学とともに、博物学の車の両輪である。そして、その出発点が採集である。全生涯をつうじて、博物収集に莫大なエネルギーと資本をつぎこんだ熊楠は、このいずれの点においても、学問として大成させたとは、残念ながら、言えないのではないか。植物学者としての南方を考えてみよう。

植物学者牧野富太郎の、南方には粘菌学者としての学術論文がないという有名な批判[53]は、牧野の認識不足もあり、辛辣ともいえるその個性のにじみでた、すこしきびしすぎる批評だったかもしれないけれど、南方のついやした膨大な時間と努力と、あまりにも少ない学術論文との懸隔を指摘したものとすれば、正鵠《せいこく》を射たものというべきではないか。

郷間秀夫による南方粘菌学についての総説によれば、時代を先取りした先駆者としての功績をみとめつつも、熊楠がとりくんだ五つの魅力的な課題のなかで、なんらかの結論にたっして学会誌に発表できたものは一つとてなく、三編の和文「粘菌目録」と、変形体の色彩についての二編の記述

的英文論文がすべてであったとしている。(54)

南方の真価をよく理解して、粘菌の同定に協力をおしまなかったグリエルマ・リスターの論文では、わが国における粘菌研究の開拓者として、南方がおおくの種類の存在を確認し、三種類の新種も発見し(55)、変形体の色彩について二編の論文を『ネイチャー』に発表したのが、粘菌学上の業績であったとしている。また、彼女の論文のなかにある、

> and our knowledge of those of Japan has been much increased by the unwearied labours and graphic correspondence of Mr. K. Minakata,(56)

「うむことをしらぬ労苦と図入りの報告」が南方の功績という熊楠評価をあらためて見なおすとき、「南方が日本における採集者として彼ら（リスター父子――近藤）の研究を助け、学界に貢献した」(57)（傍点近藤）のが粘菌学における南方の功績であったとする山本幸憲の指摘が、よく理解できよう。

専門家によるこれらの見解は、南方の生物学徒としての限界をしめしているように思われる。南方の研究は、ここでも、ただ集めて、標本にして、検鏡して、写生記録し、そして保存しただけであったように見えてしまう。

茸類についても、菌蕈研究家である萩原博光は、「ところが不思議なことに、これほどまでに努力して収集し、図記したきのこの研究結果を、南方熊楠はどこにも発表しませんでした。二〇〇種近い南方熊楠の命名したきのこの学名はすべて、国際植物命名規約の上で無効な名前です(58)」と不思議がっている。さらに筆をすすめて、熊楠は当時の世界のきのこ研究者と「文通した形跡はあり

ません。また日本では、一九〇五(明治三八)年に白井光太郎が『日本菌類目録』を著し、安田篤、川村清一達が日本産のきのこ類を次々と植物学雑誌等に発表していました。南方熊楠は日本の研究者とも交流を持ちませんでした。官学を嫌ったためといわれています。例外は、若き日の今井三子《さんし》(北海道大学農学部——近藤)のみでした。論文を発表しなければ科学的価値は認められないのが通例です。一つでも論文を発表していれば、それをきっかけに研究者とのネットワークが結ばれ、南方熊楠の研究成果が花開き、日本のきのこ研究の第一人者として歴史に名前が残ったことでしょう(59)」と残念がる。

けれども、さきに見たように、粘菌について『植物学雑誌』に三、四編の論文を掲載した(60)ものの、それが契機となって萩原のいうようなことにはならなかった。そもそも南方は、国内では小畔四郎、上松蓊《しげる》、平沼大三郎などの熊楠信者といってよいアマチュアの弟子たちとしか粘菌学上の交流をしなかったのだ。正確には、できなかったと言うべきかもしれない。いずれにしても、かれは、日本の学会の孤児でありつづけた。それが南方熊楠の流儀であった。

南方は、永年にわたる執拗な菌蕈や粘菌類の研究にもかかわらず、日本産の茸類や粘菌の系統だった分類を遺したわけでもなかったし、いかにも熊楠らしい、西洋とはひと味ちがった、オリジナルな南方粘菌学を創設して世界に気をはいたのでもなかった。牧野がいうように、リスター父子の粘菌図譜に触発された粘菌研究で、リスターのえがいた土俵のうえでほとんどひとり相撲をとっただけであった、と評価するしかない。

熊楠の人間学を、かれの業績の科学的側面でとらえるとき、われわれの興味は、偉大な科学者がそうしてきたように、学問としての論理——ふつうそれは科学の仮説とよばれることが多い——を導入して南方植(博)物学を理論づけ、その体系を構築し、内外の学会と交歓する道をえらばず、ただひたぶるに憑かれたように収集してやまなかった一事に収斂する。

熊楠の生涯をつうじてかわらなかった書漏的ともいえる筆写生としての努力や、博物コレクター、珍品収集家としての超人的な固執は、そもそもなにに由来していたのか。それは、かれの心性において宿命的なのではなかったのか。

じつは、南方は、柳田国男や白井光太郎(61)にあてて、その秘密をあかしているのだ。博物収集や写本に没頭することの自己治療的意義(62)を、みずから語っている。

小生は元来はなはだしき疳積持ちにて、狂人になることを人々患《うれ》えたり。自分このことに気がつき、他人が病質を治せんとて種々遊戯に身を入るるもつまらず、宜しく遊戯同様の面白き学問より始むべしと思い、博物標本をみずから集むることにかかれり。これはなかなか面白く、また疳積など少しも起こさば、解剖等微細の研究は一つも成らず、この方法にて疳積をおさうるになれて今日まで狂人にならざりし(63)。

なんと正直で赤裸々な告白だろう。じぶんは、博物収集をすることによってのみまともな人生が約束された男なのだ。病的な癇癪があるいは狂気につながるのではないか、という恐れの表白。この書簡を読むとき、われわれは、ビンセント・ゴッホの、弟テオあての手紙を思いださずにはいられない。

> 先日、《フィガロ》で、あるロシヤの作家(ドストエフスキーのこと——近藤)の話を読んだが、この人も神経病を持つてゐて、不幸にもそれで死んだのだが、彼も亦、時を置いては恐ろしい発作に見舞はれてゐたさうだ。如何にすべきか、治療法などないのである、もし一つでもあるなら、それは仕事に熱中するだけだ。[64](傍点近藤)

ゴッホもまた、周期的な抑鬱や不機嫌と病的な癇癪にさいなまれるおのれを凝視しつづけて、その漂泊の生涯をおえた人だった。そして、仕事に固執することによってのみ狂気からのがれることができる、と考えていたのだった。

発作はくりかえし起きた。しかし絶望の淵で、またも絵画への情熱がフィンセントを救う。自分のこのいまわしい病気は生涯治らないだろう。だが、最後まで闘おう。闘って、絵を描いて、迫りくる狂気と対決するのだ。

「仕事が何よりも気を紛らわしてくれる。もう一度仕事に全力をぶつけることができたら、それが一番の治療法となるだろう」。仕事は彼にとっての「最上の避雷針」だったのである。[65]だが、けっきょくゴッホは、このテオへの手紙を書いたあと、遠からずしてみずからその命を絶つ。

南方は、さいわいにも七十五歳の長寿をまっとうするのだが、死を目前にひかえても、その年来の行をおこたる日とてなかった。昭和十六年十二月十日(死の十九日まえ)付の上松あての葉書には、小生は過日厠中にて後頭部を打ち、また一夜に五回も闇中に僵《ふ》し倒れ今に大病。（中略）本日冱《ご》寒《かん》中に珍しき菌を入手、先刻より図記せんとすれども事成らず[66]

と、不自由なからだに鞭うってまでも仕事に執着しつづける熊楠の姿があった。かれの存在の核心においては、生きているということは、収集し、検鏡し、写生すること以外のなにかではなかったように見える。

　さきの柳田や白井への告白が、けっして誇大表現でも、韜晦《とうかい》でもないことをわれわれはあとで見ることになる。『日記』をたどってゆけば、かれが標本収集に興味をうしなうのは、過度の飲酒ともども危険な徴候《メルクマール》の一つであることがわかるのだ。

　熊楠における収集の動機は、「昆虫や、鳥、獣、植物、菌類のかたちをとった生命というものに対する、無私無欲の没入だったように思われる[67]」とC・E・ブラッカーには了解されている。無私無欲の没入とは、狂人にならないための、収集のための収集、と同義語なのであろう。熊楠における固執は、ここにその淵源をもとめることができるようである。

第二章　南方テクストのポリフォニー

三つの個別言語《イディオレクト》

テクストを分析することによって、その著者の覆われた人格の構造をあらわにし、潜在意識に沈潜する精神の核をえぐることも可能であると思われる。「文は人なり」という常套句もある。南方のような、すぐれて個性的なテクストにおいては、とくにその作業は生産的だろう。かれは、一生のあいだに、「心理学的な原記録」(1)を他に類をみないほど豊かにのこしているからだ。

岩村忍は、熊楠にさいしょに興味をもったのも、その独特なテクストのためであったと回想している。「その内容も文体も破格というか、奇矯というか、遠慮会釈がないというか、とにかくおそろしく個性をむき出しにした文章である」(2)というのだが、こと英語論文にかんしては、「ところが、南方の英文は、和文とまったく対照的で、一字一句をおろそかにしない謹厳な文章といえよう」(3)と、熊楠の文体の多重性に着目していた。

ある著者の作品の総体について「文は人なり」というとき、そこに倫理的な人間評価がつきまとう、と大江健三郎は指摘する。(4)これは、われわれの意図にまったく反するものだ。中村明によれば、「文は人なり」という箴言《しんげん》をわが国にひろめたのは高山樗牛《ちょぎゅう》であり、博物収集家南方とはまんざら無縁でもないフランスの裕福な貴族で博物分類学者であったジョルジュ・ビュッフォン(5)が、一七五三年に「Le style est l'homme meme.」と述べたのに始まるという。そのさいに樗牛が、日蓮の文章に関連してあまりにも倫理的な意味を強調したために、この箴言に大江のいうニュアンスがつきまとう原因になったらしい。(6)

われわれがいま、南方のテクストやその文体に探ろうとしているのは、かれの天才をなさしめた人格の実存である。それは倫理的な評価とはまったく無関係な価値体系に属する。熊楠の人間学において、ここであらためて確認しておきたいのは、われわれは、倫理的または社会的な価値判断からはまったく自由であるだけでなく、そのような視点をもちこまないように、つねに警戒しているということである。

桑原武夫によってエクリヴァンとよばれ、文士《リテラリー・マン》(7)であることに最大の自負をおいていた熊楠のばあい、文意《エクリチュール》だけでなく、その文体《スティル》のもつ意味は無視できない。

南方の書いたものには、おおまかにいって、英文論文、和文論文、書簡、そして日記、の四つのカテゴリーがある。文章としての規範、整合性は、この順番に低くなるのだが、熊楠のテクストの諸特徴やその人格、性向、くせなどは、逆に、この順でなまにでてくる。

かれの英文論文は、がんらいが英米の学術雑誌のために書かれたものであったために、南方は正装して、シルクハット片手にフロックコートを着ている。そこでは、きびしいレフェリーがいて、論文の内容や書体などをチェックするシステムが確立しているので、あまり個性的な文体では掲載を拒絶《リジェクト》されるということがある。それにパスする要領を、熊楠はつぎのようにまとめている。

欧米人と並び馳せて学説らしき学説を出さんとならば、まず論理により論法を計画しおき、さて材料をなるべく多く集め、かれこれ対照自説の助けになるものと助けにならぬものを分かち、よくよく分類排列して序し、終結に長たらしいやつの帰着を短く再閲して叙すること、この論（熊楠の論文「Footprints of Gods 神跡考」のこと──近藤）のごとくならざるべからず。(8)

そう言いながらも、日本語の文章をかくときに、熊楠はこの原則をほとんど守っていない。そして、口をひらけば、「小生は日本文は下手の廉をもって」(9)とうそぶく。かとおもえば、「凡衆婦児相手の人気ものを書く気は少しも無之《これなく》」(10)と尊大にかまえる。かれは、和文論文では手を抜いていたのだろうか。小林武が「要するに、南方は、論理的な文章をことさら書かなかったのだ」(11)というとき、「日本語では」と但書きをつけくわえる必要があるのだが、それでも、小林のいうとおりかどうか。

小生は日本文に全く望みのなき者にて、今も自分の書く英文には一字一句大家の点を求めおるが、習わぬ経は読めずで、日本文は習いしことなく、最初から〇点と断念しおる(12)

と柳田国男にうったえる熊楠は、言いわけや韜晦ばかりしているのではないように思える。和文を注文どおりに書かなかったのではなく、じっさいに、標準的なレベル、あとで見るように、すくなくとも柳田が要求したレベルでは、書けなかったのではなかったか。そこに、熊楠の深刻な悩みがあったとしてよいのではないか。常人にとっては不可思議なこの問題が、ほかならぬ柳田との確執の一因となるのを、われわれはあとで見ることになる。

英文を書く南方と、和文を書く南方とがあって、その調整にかれ自身が苦労しているのだ。常識的な日本語が書けなかったことを、南方の偉大さの一つにあげる向きもあるようだが、慎重な検討が必要だろう。そこにも、かれの存在構造の実存を見ることができるのかもしれないのだから。

和文を書くときの熊楠は、いわば普段着の着流しである。書簡類では、さらに自由奔放となって、熊楠の語り口にはかれの人格、そのときの気分や情動がなまににじみでる。汗かき熊楠お好みの丸裸スタイルといえようか。日記にいたっては、備忘録ていどの比重しかおいていないように見える。南方という存在を研究する客観的資料としてはきわめて貴重であるが、文体を検討するテクストとして適しているとはいえないので、文体論の資料からは外すことにした。

英文、和文、そして書簡という三つの個別言語《イディオレクト》にそれぞれ対応した三つの文体が、それぞれ三つの単声部となって、ポリフォニックに交響しながら熊楠テクストの多重世界を構成して、南方学の弧の囲み(13)、そのエクリチュールを創造する。熊楠というエクリチュール、その多重世界のなかで複数の熊楠が、正装したり、普段着であったり、ときには丸裸で存在するのだ。それらの多重する意識たちは、それぞれのカテゴリーのなかで、おもにモノローグ劇を演じるのだが、書簡では、そのときの情動にしたがって、ときにダイアローグをかわすこともあったのは、さきの章で見たところである。

ポリフォニーといえば、

おびただしいドストエフスキイ文献を調べてみると、問題になっているのは小説を書いたひとりの作家のことではなくて、ラスコリニコフだの、ムイシュキン、スタヴローギン、イワン・カラマーゾフ、大審問官だの、といったなん人かの思想家のさまざまな哲学的発言なのだ、という印象が生まれてくる。(14)

という書きだしではじまるミハエル・バフチンのドストエフスキー論を避けてとおれないだろう。

それぞれに独立して溶け合うことのない声と意識たち、そのそれぞれに重みのある声の対位法を駆使したポリフォニイこそドストエフスキイの小説の基本的性格である。(15)

ポリフォニー作家ドストエフスキーは、その芸術創作のかくされた機序において、てんかんという神聖病《モルブス・サケル》をもっていたことで、人々の心理学的、精神病理学的興味をかきたててきた作家であった。(16) もし、南方が、エクリヴァンの世界から一歩作家の世界へふみだしていれば——こんな仮定はもちろんばかげているのだけれど——かれは、ポリフォニー作家ドストエフスキーの日本版でありえたのかもしれない。(17)

かれの三声部のいずれをえらぶかによって、みちびきだされる結論は微妙なゆらぎをみせる。さきに引用した岩村忍や鶴見和子の、英語論文はしっかり書かれているが日本語論文には欠陥があるという指摘などが、そのよい例である。

南方のテクストを分析して、人格の実存に迫ろうとするとき、われわれは三つのイディオレクトのなかから、かれの覆われたものがもっともよく露呈している声部として、その書簡をえらぶのがよいだろう。正装した熊楠よりも、普段着のかれよりも、丸裸のときがいちばん無防備だからだ。

熊楠の和文、書簡のイディオレクトを検討するときに、われわれは、つぎのことを念頭におく必要がある。「倅の薬代」の負担や、弟常楠夫婦とのいざこざで送金がとぎれたために、原稿料で糊口をしのぐ時期もあった[18]けれど、基本的には、父の残してくれた遺産や常楠からの継続的な仕送り、善意の人々の寄付などで、いわば高等遊民としてその生涯をつらぬいた熊楠は、編集者や出版社の意向を気にすることもなく、すきなときに、すきなしかたで文章を書くという自由が保証されていた。かれは、エクリヴァンではあったが、売文の徒ではなかったということである。だからこそ、かれはいつも、普段着や裸でいられた。

ちなみに、ここでひと言、熊楠の英文書簡について興味ぶかい指摘があるので、紹介しておこう。英文書簡にも、あとで見るような和文書簡に似た特徴があるというのだ。イギリスの粘菌学者リスター女史によるものである。

手紙はいっぷう変わった英語で書かれているとしても、完全に明晰で誤りのないものであり、(中略)途中あちこちで話がとんで、地方の風習についての楽しい脱線になったり、僻地の多くの人びとの心のなかでいまだに生き続けている俗信が紹介されたりする。標本を記載する文にも、筆者の詩的情熱がこめられていて、それ自体が魅力に富んだものとなっている[19]。

英文であっても、書簡のばあいは、英語論文イディオレクトには属さず、和文の書簡イディオレクトにちかい言語で書かれていたのである。

長谷川興蔵が「天性の書簡家」(20)とよんだ熊楠は、じぶんの書簡類について、つぎのように柳田に語っている。

ライプニッツは doctor universale（一切智）といわれし。常に書状を智識の貯蓄所《レパートアール》（あずけどころ）なりとて念入れて書き今に遺れり。その他の学者いずれも深奥重畳の学問の底処は公刊せず、多くは後年を期して一、二会心の友に書き与えしものなり（ダーウィンなどすら然り）。これ欧州に死後集の出板多き所以《ゆえん》なり。小生も今後ひまあらば、せめてこの状ごときものを多く筆し、貴下に預け置くべし。(21)

この部分をうけて中沢新一は、南方が書簡による学術・思想の伝達を導入して、いままでわが国になかったあたらしい思想伝達のジャンルを切りひらいたものとして評価する。そのいっぽうで、ヨーロッパとはことなり、私信が学問として公表される機会のない日本で、浩瀚な書簡におおきな精力を割く熊楠に「そうゆうことをする南方を、つくづくおもしろい性格だと思います」(22)と語っている。われわれは本章と次章で、書簡を分析することによって、熊楠のこの「おもしろい性格」に腑分けの刃《やいば》をいれることになる。

華麗なる書簡イディオレクト

ここで、熊楠書簡のイディオレクトを知っていただくために、すこし長くなるけれど、進化論にかんして述べた書簡のさわりの部分を引用する。その骨子は、性器の進化をたとえにとって、自分では信じていないにもかかわらず、目的論的な、すなわち有神論的な進化論を証明するというすぐれて熊楠的な戯文なのである。題すれば、「性器進化論による目的論的進化の証明」ということになろうか。

1 一、人間の陰物、他の動物に比して前方に付けることは、全く上帝の予図に出づること。Wallace いわく、進化論をもって到底解釈するを得べからざる件三あり。何ぞや。物体に活力を生出せること一、生物に心性を生出せること一、動物に霊智を生ぜること一なりとて、デカーツの物力論などを駁し、夥《おお》く論ぜるが、一向拙者には分かり申さず。これはこれ、よほど以前のことなり。しかして一昨々年、その大著 Darwinism 出づるに及び、氏は特に篇末に人間発達論一篇を加え、力を尽して前説を主張していわく、人間の四肢等は構造上より見るに、他の哺乳動物に比してははなはだ不完全、頼み少なきものなり。背部のごときはもっとも毛を要すること、いかなる蛮人たりとも皮などにてこれを被うを常とするにて知るべし。しかるに、人間には背中に毛なし。また脳量ごとき、なるほど他の動物に比して、大はすなわち大なりといえども、その隔たりさして非常ならぬに、智能の発達せること、月と鼈《すっぽん》ときているは、実に
11 不可思議なり。これをもってこれを考うるに、宇宙さらに人間より大なる物ありて、あらかじめ今日人世発達の日あるを期し、ことさらにその発達を奪わすべきため、わざとこれをして四肢不全に、背の毛乏しからしめ、しかして、別に脳の大きさを加うることはよい加減にして、握り屁をすかしこむごとき方法をもって、一種無形無体の霊智を吹き込みたるに相違なし。あにいわずや、天の「この人を生ずるや、必ずまずその心志を苦しめ、その筋骨を労せしめ、その体膚を餓えしめ、その身を空乏《むなし》からしめ」、行い、その為《な》すところに戻《もと》り、「心を動かし性に忍び、その能《よ》くせざりしところを増益せしむる所以《ゆえん》なり。人は恒《つね》に過《あやま》ちて、しかる後に能《よ》く」いわば悪かったと改む、心に困《くる》しみ慮に衡《はか》って、しかる後に作《おこ》る、「色に徴《あらわ》れ声に発して、しかる後に喩《さと》る」、入りてはすなわち法家《ほうか》払士《ひっし》なく、出でてはすなわち敵国外患なきものは、「国恒《つね》に亡ぶ」とテニソンの詩などを陽気に引いてうまくやってのけたり。

21 耶蘇坊主一どこの説の出づるに遇うて、何ぞ喜悦せざらん。あたかもこれ中松の寝処へ春木が這いこんだときのごとく、日ごろ恋しと思うお方が四ツ足で御来降の上、拇指と食指を鈍角にして菊の園の芳香馥郁たるを満開せしめてくれるとは、手の舞い足の踏む所を知らず。ワレス氏は、えらいやっちゃ、えらいやっちゃ、えーらいやっちゃと、天満の沙持ちを興行せり。しかるに、いかなる嗚呼《おこ》の者なりけん、かかる好事を妬む岡焼きもありと見えて、仏国にそれ

をうつものあり。いわく、按ずるに Wallace 氏なにか鼻薬を啗《くら》わされて宗教の御肩をかつぐものならん、と。ここにおいて、氏大いに怒り、昨年新刊の essay に、執念《しゅうね》くも註を入れてこのことを論じていわく、ヘン、嗚呼、かつて Wallace 中松に如《し》かずと思えるが、わがいわゆる一大主宰とは、教義のような糸瓜《へちま》なことに関するにあらず。天神天使、矜羯羅《こんがら》童子などの名は、今日はや骨董店的なり。見ずや、世上自然淘汰行なわれてその法絶えず、無量劫のむかしより今に至りて、大は竜象鯨鯢より小は蟻螻蚊蚋に至るまで、物として化せざるはなく品として変ぜざるはなからしむると同時に、別に人間がその法を自得せる人為淘汰というものありて、志賀の都の山桜は、やかたの娘八重垣姫のながめし八重にさき、その奈良の都の八重桜も、わずかの間に今日九重に香《にお》うに至り、「梅が香を桜の花ににほはせて柳の枝にさかせてしがな」とは成らぬことを望む譬喩なりしも、南方君の三ヵ月間のお仕込みに、柳の腰に桜色、髪のにおいは室中を、うめの花と発生せる平岩さんもあるにあらずや。されば自然淘汰の及ばぬところに人為淘汰あり、人為淘汰の及ばぬところに、さらにこれより大なる淘汰ありといったって、それがなんで、いけすかないんですよと、さらにくだくだしく音楽、算数等の智識は決して自然淘汰で生ずることにあらざるを極論せり。

熊楠はこの説に感伏せず。英国のレイ・ランケストルなども熊楠と同様のようなり。しかし熊楠は弱を援け寡を救うをもって、留学生間に二代目新門辰五郎とまで号せられし侠客、これ男の中の男一疋。されば、まず Wallace 氏の味方の少なきを愍《あわ》れみ、力を極めてこれを援け

51

んに、いわく、鱗も老ゆれば鰲に劣り、車えびの芳ある上穴も、毛がはえてのちは蒜の臭ある下穴に如かず、と。Wallace 氏、さすがの老功ながら衣笠の義明、篠原の実盛少々ぼけたればにや、その論いまだ悉《つく》さざるところあり。何ぞや。熊楠はこの論に対して、実に鬼に鉄棒、赤飯に胡麻塩、少年のねた閨中に梅干の用意ともいうべき一大事を知りおれり。これを述べんに、テニソンの詩などは野暮なれば、いっそ二上りの浮いたやつで、どど一を引くべし。どど一に有之《これあり》、いわく、「世帯始めに二人の姿、写して嬉しやぬりだんす」と。夫婦歓喜して琴瑟相和し、チンチンカモにして一族治まるを祝せるなり。けだし一社会成りてしかる後に道徳存す。一社会の基は一族に因りて起こる。一族をひりつくるものは夫婦二人あるのみ。これをもって道徳の基因は夫婦の間の情愛に存することは、学者一人の異説を加うるものなし。もし異説を吐かんとするものは、必ずまず一度やって見たまえ、たまったものじゃない、と。そこは田島君が吉田永次郎先生を説ける論に譲りて、ここには述べず。

さて、この夫婦が和ということは何の必用に因りて生じ、何の理由ありて成生するかと問うに、天帝に対して義務を果たさんためと言う者もあらん。前世の因縁を果たさんためというものもあらん。あるいは長いものを保全するには時々鞘《さや》を掛くるを要するゆえ、と答うるもあらん。もしくは十六、七になれば、なんだか外円くして中央凹なるものが目の先にちらつくゆえ、と答うる idealist もあらん。腰のあたりが痒《かゆ》くって股のあたりがぬれてたまらぬからという sensualist もあらん。いずれも一応聞くべしといえども、これらは結局の理屈にして聞くに

堪えず。あるいは宗義、古語に迷える頑説、あるいはあまりに過激なる色狂論というべし。ど
61 ど一に有之、いわく、「何を何して何してなにと、何でかためた起請文」と。これはこれサン
フランシスコにありし日、ちょっと知人なりし飯村左平君の作なり。諸君よ諸君、この不成文
にして、しかも成文よりも確固たる無字の起請文を夫婦の間に結べる何というものは果たして
何でありますか。これくらいのことは各人これをa prioriに訴えて可なり。ど一に有之、
いわく、「夢でくどかれ現《うつつ》で解けてさめて悔《くや》しきひぢ枕」と。それ口説に、言辞の妙なるに心
思の切なるを聞き、中心《ちゅうしん》相融和して実にうれしいよと感じたれば、それで思いはすむはずなる
に、まだいかぬうちに悟《さ》めたりとて、枕をなげて悔むものは、たまたまもって夫婦間の情愛の
基礎は、実にうんすうんすの一汗にあるを見るべし。
　スペンセルは明らかに言えり、美を愛賞する念は全く男女の情愛に出づ、と。熊楠いわく、
ス氏は天下の一、二碩儒と称せらるる哲学者なり。しかして、美を愛賞する念の男女の情愛に
71 発するを明言しながら、その道義論初めから終りまで、蚤とり眼《まなこ》で尋ねても、一言の道義心も
また男女の情愛に発するを言いしを見ざるは、そもそも氏もまた耋《てつ》せるか。それ獣も交わり、
鳥も交わり、蛙もやり、蛇もなす。しかして人間に限り、この一事より増益して、今日盛大の
道徳を現出せるものは、別にその故なくんばあらず。もっとも人間外の動物中にも多少の道徳
は存するものありという人あるが、たといあったにせよ、人間道徳の盛大なるに比すべきにあ
らず。ど一に有之、いわく、「いきな島田が小ぢれにぢれて入れておくれよ水屋さん」と。

満面紅潮艶羞の体を写し尽せること無色の撮彩とも謂うべし。

それ天下動物、かくのごとくそれ多しといえども、みなうしろより好事を幹す。特に人間においてのみ互いに妖姚の顔面を見合いながらするを得。これ天の人間を殊遇せること絶大なる所以にして、Wallace 氏の老功をもってなお逸失せるところなり。けだし死ぬ死ぬという声、実はすなわち美なりといえども、これに伴うに、いかにも死にそうな蹙頞《しゅくあつ》、潜眉の顔貌をもってせずんば、これ簾を隔てて文君の琴を聴くなり。きゅっきゅっきゅっとよがる腰つき、佳はすなわち佳なりといえども、これに伴うに春色すでに酥《そ》なりの容姿をもってするにあらずんば、これ盲人の器を按ずるなり。可愛とよする口元も眼を閉じたままでは貝柱《かいばしら》をしゃぶると何の異あらん。抜かれた私の気の悪さの妖言も、出さぬが出すにまさるとは、はずかしの森に言の葉もなき状況を、後ろよりは眼が届かず、眼が届かずば興味もなし。されば少々話が後ろへまわるが、「ときはの山の岩つつじいはねばこそあれ恋しきものを」と、真祖僧正が業平中将の若姿を慕いたるも、「しらせばやほの見し花のおもかげに立ち添ふ雲の迷ふ心を」と桂海が梅若丸を忍べるも、いずれも愚人は真後ろからするもののごとく心得る道ながら、穴のみ恋しとはいわず、ただ顔色の恋しさのみを述べたるなり。しかして真後ろから、頂《うなじ》の髪にくい付いて犬然とやるだろうなどは斉東の野語、実に実に不埒千万なり。

実は少年道には、この道一時もっとも盛んなりし仏国に、la méthode de la croix と申し、そのむかし耶蘇セント・ポールの幼姿を愛し若道の契り浅からざりしおり、道に落ちある十字架の形に擬し、少年は横に臥せ自分は半横《はんよこ》になり、片手は地面と平行し一手を斜めに少年の頸に懸けたまうて蛇の睨《にら》み合いのように斜めに顔を眺め合いながらする時は、少年の眼それとはなしに秋波たっぷり、これより上の楽しみなしとよがりたまえるなること、熊楠仏国古文を読んで発見せり。されば同人が「ロマ書」に、男と男となすべからざるのことを申すなどは、真後ろからやるなということ、半横十字形は、かまいないどころか十分賛成のことと解すべし。さてまた、高野山などには、きゃたつ返しと称し、小さき蒲団様のものを少年の尻の下に敷き、菊の園を一壇高くつき上げ、三角な布に絹を入れたやつを紐にて少年の両股にくくり付け、二脚を男の肩にかけて前よりするときは、快味量りなかりしとぞ(23)。惜しいかな、孔子も時に遇わず、熊楠はこれを試むること能わざりしといえども、留学中無数の同輩に話し散じたれば、そのうち必ず報告もあるはずなり。

追記。獼猴は前よりするという人あり、たぶん事実ならん。また鳥類中、脳力もっとも発成せる鸚哥《いんこ》属も前よりすと、日本でおるとき鳥屋の主人に聞きたり、如何《いかが》にや。もし、これらにして実事ならんには、ワレス氏の大主宰特別淘汰説は破壊さるべし。しかして謹んで案ずるに、犬は一種特別の交合法を用ゆるものなり。このことは犬の同族中もっとも相似たる豺狼狐狸と異なる特徴として、古来学者のすでに知るところなり。すなわち初めは後より腰を使い、愉快初まらんとするに臨み、雄と雌と相背向して一直線をなすこと、これなり。このことは現にはなはだ teleology に取りて力を与うるものなり。(この一事

111

mechanically に説くときは、飛んだ僻論を出だすべし。すなわち何の必要あり、何の快事ありて、かかる奇体の法を用うるに及びしや、人間に知れがたければなり。）すなわち一大主宰、かつて一度は犬をもって今日の人間のごとき大開化物となさんと目論見《もくろみ》、そのことを始めしが、何分四肢が相抱きて顔を見るに適せぬゆえ中止となり、さらに四肢すでに手足と分かれたる猿属に目論見付して人間を生出せるなり。これをもって犬は事業中止され、後ろとも前ともつかず迷惑ながらやっていることとなり。

撮閑話総附別処《あだしごとはさておきつ》、人間の道徳は到底夫婦前から顔を見ながらやり得るに起因するは前条すでにこれを悉《つく》せり。しかして神戸通いの船に東風、あたかもこれに便宜なるように、人間の陰物、他の動物に比してはるか前方に付きおること、実に一大大大不可思議にあらずや。前年ある人の秘蔵、会津藩の陰陽博士某が手記にかかる、ラテン語で申さば Icones Omancorum とも

121

いうべき珍書一巻、極彩色にて四十余品を廓大して図せるを見るに、くそかけと称し陰孔地に向かえるほど下ったやつは最下等にして、陰孔天に朝せるほど上に進めるやつを、てんつきと唱え、実に千古の絶物、釈迦も達磨《だるま》もこれがために堕落すること受合いなり、と記しありし。画そらごととはいうものの、まだ進化論の出ぬ前に、見識さのみ広からぬ米国人がジョルジア州の「蝴蝶譜」あり。その画するところ、碧色の花の傍にあるは蝶もまた碧に、縦条ある草葉に住める蛄蟖《いもむし》は身にまた縦条を具えたるごとく筆をはこべり。全くこの画者知らずのうちに、後年バチス氏が大発見せし動物疑似論《ミミツクリー》を知れるものなりとて、学者挙げてこれを嘆ず。

国異《こと》に学同じからずといえども、この会津人もまた、期せず知らぬうちに南方先生の高論の
helpingerをつとめしものといわんか。その人の名の知れざりしは学者の大いに恨むところな
り。
131 そもそも人間道徳の種別を説くもの、孔子は道徳を存すべき人と人との関係に資《よ》りて、これ
を夫婦、父子、君臣等の五倫となし、アリストートルはただちに道徳それ自身の性質に拠りて、
これを寛、勇、謙、慈等の七義となせり。もし孔子の分類を奉ずるならんには、なお一言を要
するものあり。何ぞや。五倫の中に朋友といえる目あり。これは今日のごとく、いや一盃のめ、
ありがたい、食ってしまう、礼言ってかえる、一年も無沙汰する、というような軽きことをい
えるにはあらじ。けだし孔子も内々顔回にはよほど頸をのばし、また周公の若姿の絵を見て心
をまよわし常に夢に周公を見たが、年老いてのちはわれまた夢に周公を見ずと歎息せしにて、
その朋友とはいかなる朋友なりやということは知らる。試みにプラトー、アリストートルの書
を繙《ひもと》け、また欧州カバルリの盛世の史を探れ。エリザベス王世の記を見よ。寛永・元禄の物語
を案ぜよ。その時代の朋友といえることは、今のごときチャラポコなることにあらず。されば
141 五倫と道徳を分かって由来を尋ぬる日には、四倫は主として夫婦に発し、朋友の一倫は一に少
年より起こるといわざるを得ず。また君臣の一倫は、吉原の女郎瀬川が徳本上人の問いに処し
て、諸国の大名と見奉れば民を治めたまう御方と尊敬し、いかな不男でも疎略にせぬと答えし
ごとく、女より起こることもあれば、この御息子大殿今にものことあらばと心がけし中井勝弥

のごとく、少年より起こることもあるべきなり。しかして吾輩ごとき女嫌いの粋な男も、少年道より推して、お情けをもって別段女と見たら打ってかかりもせぬは、実は少年より生ぜる道徳もまた甚大なりというべし。

しかして、女も少年も後ろよりしては一向道徳を生ぜず、必ず前からか、または半横《はんよこ》でせざるべからざるは、以上述べたるがごとし。かく言わば、あるいは問わん、女は前よりするがよき故なるべく上に付けるものを上とすれば、少年は半横でするを上とするゆえ、ちと横にゆがんだのが最上か、と。しかれども、かくのごときは不当不法の難題というべし。何となれば、すべて少年をする男は僕ごとき粋人ゆえ、ただともに語らうが面白きこと多く、女のようにやりつづけにやるものにあらざれば、たとい横にゆがまずとも、そこは人工をもっていかようにもよき位置を占めしむるを得ることと知るべし。Wallace 氏の論は、詩で結んだれば、わがこの論もまたどど一をもって結ばん。いわく、「そっと手をとり静かにのりな、いくといかぬは棹《さお》次第」。棹顔、同音相近ければ通用の意でこの作あるならん。いくといかぬは顔次第とは、実に名どど一なるかな。

全体この論は、いわゆる「知りてこれをなすもの」、Wallace の説に無理に加勢せる権道論なりといえども、teleological evolutionism に取りて大功あるものなり。しかして mechanical evolutionism をもってこれを説かんことはすこぶる易し。しかし、そうそう秘説を出すも不可なれば、まずこれにて擱筆、(24)（後略）

擱筆といいながら、さらに延々と七千字くらいはつづくのである。この手紙は、二十六歳ころの南方が、「和歌山中学の一期上級で、男色については同好の士であった[25]」中松盛雄あてに、ジャクソンビルから投函したものとされている。

ここに引用した部分の大意をしめすと、つぎのようになる。

1—39行

アルフレッド・ラッセル・ウォレスは(チャールズ・ダーウィンとともに自然淘汰説を発表したが)、人間存在なかんずくその脳の進化にかんしては、ダーウィン流の機械論的、唯物論的進化論に背をむけて、目的論的、有神論的進化論の立場にたった(書簡では、神は「上帝」とか「大主宰」とよばれている)。人間の精神のほかに音楽、数学などの芸術や科学のような知的能力は、自然淘汰では説明できない、というのがその理由である。それは、大主宰の意志にほかならない。

40—77行

自分(南方)はこのウォレス説には賛成できないのだが、ウォレスが少数派であるので、義侠心からあえて自説をまげて、目的論の立場をとるのである。さて、スペンセルは、美を愛する念は男女の情愛から出発するというのだが、人間の道義もまた夫婦間の性的情愛にもとづく。性愛の悦びによって、家族が成立し、社会が構成されて、その道徳が正しくおこなわれる。

78—103行

それを証明するのに、熊楠は、人間の性器の位置に注目する。動物はすべて背面交接をおこなうが、人間だけは対面交接である。男色においても、工夫すれば同様のことが可能で、耶蘇も真言宗の高僧もいろいろ秘術をつくしたものだった、と主張する。

104―116行

猿や鸚哥が対面交接をするという説があるが、これが本当なら、大主宰が、特別淘汰で人間だけにみとめた特権がおかされて、ちょっと困る。だが、犬では大主宰は面目をとりもどす。犬は交接の愉快がはじまると、雄と雌とがうしろむきに、一直線になってしまう。これは目的論的にしか説明はつかない。すなわち、神はいちどは犬を、いまの人間のような大開化物にしようとおもったけれども、気がかわって、途中でやめたのでこのような中途半端なことになった。

117―161行

対面性交ができるようになったのは、女性性器が前上方向に移動するように進化したからであり、その出来にも、いろいろの程度がある。それは、会津藩の珍書にも図がある。孔子の五倫やアリストテレスの七義などのうち、四倫は対面交接の夫婦の情愛からでて、朋友も、対面や十字交接の少年愛からうまれるのである。

中松をからかい半分あそび半分の、文章でかいた漫画であり戯作であるように読めるけれど、女性性器の進化を論じる熊楠は、それなりに真剣であった。

第三章　熊楠テクストを解剖する

書漏家熊楠

まえの章の中松盛雄あての書簡では、熊楠の書簡イディオレクトの特徴が遺憾なく発揮されていることに、あらためて、注目していただきたい。

たとえば、南方テクストの特徴の一つである淫と聖の同居がある。この書簡では、淫(性愛)をもって聖(有神論)が説かれている。主題そのものが、交接形態の進化論を有神論的見地にたって論じたものであるので当然といえるのだが、南方書簡はがんらい、宗教的、哲学的、神秘的な内容をあつかう傾向がある、と同時にきわめつけの猥褻さ、俗っぽさの表白があいだに挿入される。ディオニュソスとアポロンの重層する頭脳から分泌されたパトスの一滴がうむ万華鏡の世界だ。

それから、なんといっても書簡の長さである。この書簡の全文は、一万五千字にちかい長文で、四百字詰原稿用紙に換算すると三十七枚くらいにはなる。(1) この冗長な書簡は、内容から判断すると、かれの起伏のはげしい情動の波の晴の日に書かれていると思われる陽気さと上機嫌 happy disposition に満ちている。

熊楠は、気分がのると、寝食をわすれて書きつづけることがあった。明治四十四年九月二十七日から三十日にかけて、柳田あてに、ぶっつづけに五本の書簡(2)(平凡社版『全集』で三一頁分。おおよそ三万字)を書いている。いわゆる「南方二書」を柳田が出版してくれたお祝いに大酒を飲んでからひと眠りしたあとで、英文で書かれていた「神跡考」の翻訳をいっきに完成して、書簡とともにおくるのである。その朝(九月二十七日)の午前四時から書きはじめ、午後三時に子分どもと大酒を飲むまでに、二本の書簡(『全集』で四頁の長さ)をすでに柳田あてに投函している。大酔のあとの一睡からさめた翌二十八日の午前二時から翻訳に着手して、できた分をもう一本の手紙として投函する。この書簡は『全集』で約六頁分ある。同二十八日の午後二時五十分から翌二十九日の早朝までに、その日の二本目の翻訳を手紙に書きあげる(これはいちばん長く約十三頁)。そして、二十九日の夜からつづきの翻訳にかかり、『全集』で約八頁分の書簡となるのだが、これは三十日の午前二時に脱稿している、といった具合である。

柳田が「南方二書」を出版してくれたことで、迫害され挫折の瀬戸際にたたされていた神社合祀反対運動の解決への曙光《しよこう》がみえた悦びにひたって、夜を日についで書きあげたのである。

これらの手紙を読むとき、どうしてもまた、ゴッホのことが念頭にうかぶ。弟テオへの浩瀚な書簡を残したゴッホも、手紙を書くあいまに、絵をかき、絵筆をやすめてはまた手紙を書いたという(3)。絵入りの手紙ということでも、両者の書簡は共通している。書簡に書かれた熊楠の絵は、素人ばなれのした見事なものがおおく、そのなかのあるものは、ゴッホ書簡中の絵よりも洗練されているほどのできばえである。

熊楠書簡のテクストは、かれのイディオレクトのさまざまな特異な断面をかいまみせてくれるのだが、「神跡考」にまつわる書簡に没頭するありさまは、過剰書字 hypergraphia または書漏 graphorrhea とよばれる過剰な、ときには強迫的な書字活動を想起させるに十分なほどだ。[4] かれの度はずれた書字活動は、「本当に世の中にこれほどの徒労はないんじゃないかと思うくらいたくさん書いて[5]」いると慨嘆されるほどであった。この性癖こそ、「もとより古今無双の勉強家ゆえ、筆を操らねば病を生ずることにて[6]」と手紙の冒頭に書くように、かれの書簡の没常識的な長さに関係していた。

南方自身が、和文論文「鷲石考」のなかで、

　話がこう長くなると、読者のみかは、熊楠自身も何だか跡先が分からなくなる。よって再読校字を兼ねて始終を見通し、結論と出かけよう[7]

と、おのれが書いた文章のあとさきがわからなくなって、再読、推敲をおこなう必要のあることを認めているくらいである。これは論文イディオレクトのばあいであるので、書簡よりはていねいに書いているために、この程度の努力はしているのだ。

ところが書簡では、読みやすいように時間をかけて文章を十分に練りあげるということはあまりなく、うっかりすると含意を見落しそうになる、息せききって書いたような、独特な表現にみちて

いる。なにかに、衝きうごかされて書いたような文体で、まことに読みずらい。その難読さについては、

第一行から難読がはじまって、三、四行読みすすむのさえ骨が折れ、時間はおかまいなく過ぎていく。いったいどのくらいの長さだろうと思って全部ひろげてみたら、そのときの感じでは、六、七尺もあろうかと思えた。（中略）やすみやすみして読了するのに、まる一日くらいはかかったのではないかと思う。しかし満足に内容が読みとれたのは、いま一度目を通してからであったと覚えている(8)

と、原稿を読みなれたはずである編集者の岡茂雄が書いている。中松あて書簡の約半分くらいの長さの手紙でこれである。

なぜ難読なのか。いくつかの理由が考えられる。ただ長い手紙というだけではなく、熊楠の書簡イディオレクトの特徴である表現の迂遠・冗長性や連想の飛躍、主題からの逸脱などが難解さの原因となっている。縦の系列である本論の起承転結の中間から、横の系列としていくつもの枝が出て、その枝からはまた分枝が出て、副次的な細目の花をさかせ、実をつける。われわれはそれらに幻惑されて、中心にある主幹を、あわや見のがしそうになる。迷路でまようのに似ている。南方自身が、「また小生の文と同じくdigression（横道まわり）多く」とそれを認めている。しかし、そうなるのは、

小生の文なども、欧文はfoot-notesを用い得るゆえ本文の順序は整然たるを失わず。しかる

に古ギリシア・ローマの文と同じく、日本には足注を用いて、本文の加勢するに止まるほどの不必要譚を別に付するの方なし[9]と、脚注がないためだと弁解する。

ここで、のちに文体論ともからんで南方が立腹することになる柳田国男の南方テクスト論を見ておこう。

南方さんは語彙が豊富で、聯想が最も鋭く、脇目もふらぬといふ集注力をもつてゐたので、文章の表現にかけては、かの人ほど自由自在な人は曾て見ないのだが、そのかはりには少しく脱線が多過ぎ、殊に下がかつた話を、突兀として出して来るのがすきであつた。是は局面の展開に有効だつたが、同時にこゝばかり印象が濃くなつて、全体の筋をはぐらかすといふ弊も多かつた。多分は国内の初期の読者が、まともに学問を説いて聞かすだけの、張合ひも無いやうな凡庸ばかりだつたのと、もう一つは酔後に奔放に物をいふ癖が、段々と嵩じて来た為であらう[10]。

連想がするどく、脱線気味で、猥談がおおいのは、酔余の勢いで書いてしまうためではないか。この文体論からは、初対面で、南方の酒に面くらった柳田が見てとれる。

つぎに、前の章で引用した中松あて書簡の前半で、その分枝状構造を見てみよう。

第一行は、言説の命題である。二行目から三九行までは、ウォレスの人間進化論の紹介の文章であり、そのうち、五行から二〇行までがその人間発達論の解説にあてられている。第二一行ではウォレス説にたいするキリスト教会がわの反応が指摘され、二五行から二六行にかけてはウォレスにたいする批判が紹介される。そして、二七行から三九行でウォレスの反批判を提出している。ここまでが、このテクストの主幹である。その幹からは、二一行から二四行、二八行から三一行までの第二枝が分岐する。第二枝からはさらに、三二行から三四行までの第三枝がでる。第三枝は、三五行から三七行までの第四の枝をのばす、というあんばいである。さまざまな枝葉に目がうつって、岡のいうように、ていねいに何回か読まなければ本幹を見失うことにもなりかねない。その枝々につける花や実が、また鬼面人を驚かす意外性や意匠に富んでいて、それで人を幻惑するという構造になっている。

だが、熊楠はかならず、話の本筋をとりもどして、さいごには目標に到達する。出発地点から、さいごには終点にたどりつくのではあるが、わざわざ曲がりくねった回り道 digression を通るのである。ひと言でいえば、迂遠であるために冗長となるのである。

どうして、熊楠はこのようにまわりくどい表現を好むのであろうか。その理由は、熊楠の瑣事への拘泥というか、よくいえば細心入念なその性癖によると考えられる。主題と細目にほとんど同等の比重をおいて、軽重をつけないのが、かれの思考様式であった。主題に関連してつぎつぎに頭にうかぶテーマは、すべて綿密、几帳面に細大もらさず網羅しようとするのである。それは、かれの博物収集癖と通底していたように見えるし、ほとんど粘着性の衝動であったようにもかんじられる。

このへんの事情を、津本一郎は、「悟性の範疇的態度が曖昧となって、論理的思考では判然と区別されていた意味と価値を異にする二つの領域が融合し、流通が自在となって、所謂蒼古的思考の典型を呈する」[11]と解説している。

人為淘汰という観念が、自然淘汰ということばに誘導されて意識にのぼると、そこから、観念連鎖の第二枝がスタートする。志賀の山桜は人為淘汰によって改良されて、奈良の都の八重桜となるというとき、八重桜から八重垣姫という分枝が連想されるいっぽうで、八重から、九重が出てくる。つぎに、「今日九重に匂う」という常套句がうかび、桜と香の組み合わせが、「梅が香を桜の花ににほはせて柳の枝にさかせてしがな」の歌を触媒する。すると、柳腰、桜色、梅の花の香ときて、男色美の世界が展開する。そして、かつて熊楠の若衆であった平岩内蔵太郎[12]の名が登場する、というふうに熊楠の内的観念連想の分枝は限りなくつづく。観念の奔逸ぶりは、病的とまで言わないまでも、やはり度が過ぎたものと言ってよいだろう。なかんずく、そのすべての脈絡を一切合切書きつらねてやまないところが書漏の書漏たるゆえんである。

ただ、観念の連鎖による飛躍が、一つの南方書簡の魅力にもなっているということがある。岡もそれを指摘する。「翁のお手紙は、用件が終わるあたりから、しばしば思いもかけぬ方向に話柄の展開が始まることがある。それが縦横無碍《むげ》というか、該博深奥な内容のものでも、奔放軽妙に話がはこばれるので、思わず相好をくずしながら、引き込まれてゆくのである。翁書簡の一つの魅力であった[13]」。

飄逸な文体

この観念連鎖による飛躍が、文章の飄逸さをうむのである。かつて、谷崎潤一郎が南方の文章を「飄逸な調子」の好例と評したのもそのためである。たしかに、飄逸と見えないこともない。しかし、たんに飄逸だけでは説明しきれない何ものかがある。谷崎は、この飄逸さは東洋に独特なもので、西洋には見られないものだという。

この調子は流麗調の変化したものではありますけれども、その名の如く飄々として捕えどころのないものでありますから、技巧の上からは説明のしようがありません。とにかく、これを書くには一切の物慾があってはいけない。名文を書いてやろうなどと云う、野心のあることが何よりも宜しくない。また、世道人心を益しようとか、社会の害悪を除こうとか、そう云う一切の娑婆ッ気を絶たなければならない。要するに、張り詰めたり、力み返ったり、意気込んだりすることは禁物でありまして、何らの気魄もなしに、横着に、やりッ放しに、仙人のような心持で書くのである。（中略）

たゞ、これこそ本当に東洋人の持ち味でありまして、西洋の文豪でそう云う風格を備えているものは、ほとんど一人もないと申して差支えありますまい。(14)

この一文を読んだ南方は、

小生の作文の評がことのほか宜しかりしゆえ、旧臘和歌山へ上りしとき、同地の小生に対する人気もすこぶる上々なりし(15)

と率直によろこんでいる。熊楠の和文コンプレックスをふき飛ばしてくれる谷崎の批評だった。そのうえ、すぐれて東洋的な文体だというのだ。英語論文は英語らしい英語で、和文は東洋人の持ち味をいかした日本的な飄逸の日本語で書いた、ということになるのだから、熊楠が手放しでよろこぶのも無理はない。

ところで、調子論は体質論でもあると、谷崎はいう。そして、その調子とは、つぎのような生得の体質によるものだと強調する。

昔から、文章は人格の現われであると云われておりますが、啻《たゞ》に人格ばかりではない、実はその人の体質、生理状態、と云ったようなものまでが、自《おのずか》ら行文の間に流露するのでありまして、しかもそれらの現われるのが、調子であります。されば、文章における調子は、その人の精神の流動であり、血管のリズムであるとも云えるのでありまして、分けても体質との関係は、よほど密接であるに違いない。(16)（傍点近藤）

文豪谷崎の深い洞察をここに見ることができる。「調子論は体質論である」という谷崎のディスクールはあとでまた検討することになろう。

飄逸をうむ観念の連鎖とその飛躍はある種の形式をともなうこともある。小林武は、不断の転調、軽妙なる逸脱を熊楠の文章の特徴にかぞえているのだが(17)、くわえて、かれは、観念の連想に関連して、「連想に注意すると、前の話にでた物や事が次の主題となり、そこにでた物や事が、さらに次の話の主題になっているのに気づく。『今昔物語』の注に、獣姦や馬頭の神楽など、無関係な話があるのはこのためだが、この無限の鎖状展開は、日本のいわゆる『尻づき文句』とか『文字鎖』などに似ている」(18)という興味ぶかい指摘をしている。主題の連想が、あたかも、〈しりとり〉のように不断につづく文章だというのである。

たしかに、しりとりとか、掛詞《かけことば》や語呂あわせ、頭韻《アリタレーシヨン》法または類似音への関心などは、熊楠によく見られるところのものである。その傾向は、若いころからの狂歌、川柳、都々逸《どどいつ》などへの偏愛のなかにもあらわれる。さきに見た、「そっと手をとり静かにのりな、いくといかぬは棹次第。棹顔、同音相近ければ通用の意でこの作あるならん。いくといかぬは顔次第とは、実に名どど一なるかな」のフレーズなどはその一例である。

中松盛雄あて書簡のなかでも、熊楠はいろいろな「語呂あわせ」にふけっている。

しづかに和尚《おしよ》と気を忉利《とうり》天、率兜帝釈《そつとしやくらば》身は大亀氏《けしやば》
腰は迦留陀夷《かるだい》、手さきは富楼那《ふるな》、日ごと夜ごとに目犍連《まがだれな》

などと、友人の新婚生活描写のだじゃれを仏教語でやったり、書簡のさいごでは、つぎのような「数あわせ」をものしている。

わたしのととさんかかさんは、たった一人(ひとり)の子ぢゃものと、二人(ふたり)の中にめでまはし、なんで行く末川竹の、うき目を参(み)んと四(し)らんせう、冥土で聴いたら五(ご)立腹、お道理とこそ六(む)理はない、

七《なな》つ浪速のよしあしも、まだ分かぬ間におしでるや、八《や》がて全盛お職とて、引く手あまたの夕だに、九《ここの勤め》とめはゆるしゃせず、十《とを》して過ごした主への義理。

舌でころがし　なさけではめて　主のあばたは恋の淵

初夜から末を思ひ寝に、寝られぬ廓の百羽掻《ももはがき》、トレドで結婚した時に、千代もと言ふたその口で、万ざらうそは言はれまい、億《御国》に思ひもさることながら、私を捨て往く兆《てう》は、何たることとうらみかこちつ聞こゆる鐘[19]、（後略）

外国婦人をめとった友人高野礼太郎の離婚をあつかって、「Toledo 奇談　迷ふ二道」と題した戯作である。南方の語呂あわせ、尻づき文句、文字鎖へのなみなみならぬ傾斜も、内的観念連鎖と保続というかれの生得の血管のリズムに関連していると見てよいだろう。

このように、熊楠の書簡イディオレクトは、冗長、迂遠、逸脱の文体で書かれている。それをもたらすものは、やや度のすぎた内的観念連鎖、主題も副題も等価としてあつかうことによる瑣事拘泥、そして粘着的な保続性向であった。この連鎖と拘泥と保続の三位一体こそ、熊楠の人格という地盤にねざして、かれの存在を規定し、その思考の様態を支配してきたものではなかったのか。

ここで、われわれは、いましばらくかれの書漏現象《グラフォロエ》に拘泥してみよう。

フェルディナン・ド・ソシュール[20]は、言語活動《ランガージュ》を、フランス語とか日本語とかの個別言語《ラング》と、個人の言語使用《パロール》に分割して、ラングを潜在的で連合的な関係の網の目 rapport associatif とよび、パロールを顕在的で連辞的な関係のシステム rapport syntagmatique とみなした。その後の言語学は、連合関係《ラポール・アソシアティーフ》のかわりに、範列関係《ラポール・パラディグマティク》rapport paradigmatique という概念を採用することになるのだが、サンタグムとパラディグムという二つの極は、修辞学《レトリーク》からみれば[21]、前者は言述の諸部分の順序や配置などの文の結構、つまり言述の構成に介入し、後者は言述における表現法、文彩《あや》、つまり文の衣装の模様を操作するということになる。サンタグムの基本動作は単語や句の結合にあり、パラディグムのそれは単語や句の選択にあるからである。

この視点にたって、たとえば分裂病性の妄想患者の言語表現を分析すると、ランガージュを裁断するパラディグマティクでラングの軸にそった機能のみが豊富であるけれど、もう一つのサンタグマティクでパロールの軸にそった結構はきわめてとぼしいものになっている[22]。妄想をめぐる文彩《あや》の過剰にたいする表白の結構の萎縮。被害的思考や表象は豊富で、あまたの表現にみちあふれているのに、その表白の連辞の構造に多様性や複雑さが見られない、という特徴を見いだすだろう。

では、南方にあってはどうか、いま一度かれのイディオレクトの諸相をふりかえっていただきたい。われわれがあらためて発見するものは、範列機構というラングの花園にあそぶ悦楽と、逸脱してやまぬ連辞機能に惑溺するパロールの愉悦の、ともどもきわめて活発な活動であり、それはときに沸騰してさえいる。前者は、内的観念連鎖の過剰の修辞学としてあらわれ、後者は、不断の転調として飄逸な文体をうんだことを、われわれは見てきた。日本語というラングの語彙の網の目のなかで、熊楠の意識は活発にうごきまわり、さまざまな語句選択の離れ業をする(英語ではそのようなわけにはいかなかった)。尻づき文句、文字鎖、掛詞、語呂あわせ、類似音への耽溺。それらはかれの体質の嗜好であったし、そのとき、ランガージュの快楽が、かれをしっかりととらえていたのだ。もちろん、パロールというかれのイディオレクト操作にあっても、熊楠らしい体質の偏執をわれわれはすでに見てきた。たとえば、かれ自身が横道回り digression とよんだあの逸脱のレトリークによるたくまざる破格構文《アナコリュート》がある。それは、谷崎のいったように、かれの精神の流動であり、血管のリズムであった。書漏家熊楠は、このようにして、破調の言語活動の帰結であったのだ。

ここで、熊楠の自称について、ちょっと、考えておこう。さきの書簡のなかで、熊楠はじぶんの名を先生づけでよんだり、聖人や新門辰五郎になぞらえているのだが、金粟如来、唯摩居士と自称することをもっとも好んだ。この誇大自称趣味は、愛すべき熊楠らしいユーモアと軽くみなされてきたようなのだが、これも、かれの意識の構造と深くむすびついた、見過ごすことのできないサインなのである。じぶんは尊大にかまえて、相手の中松をすこしばかり小馬鹿にしたような言辞を弄する。さきの高野についての戯文はつぎのような自己賛辞ではじまっている。

熊公の能文なるは知った人が知っておることとなるが、高野礼太郎氏かつて歎じていわく、後世をして日本の南熊にあらずして熊公の日本なりといわしむるものは必ずこの人ならん、と。(23)

熊楠の、皮膜の堅い肥大した自我のまえでは、かれをとりまく環界は矮小化されていく。それが、自己賛辞、家族偏愛、東洋主義をふくめて、さまざまな熊楠模様を紡ぎだしていくのである。

かみ合わなかった歯車——柳田と熊楠

われわれはいままで、個々の手紙の文体について分析してきたが、あて先の人物による書簡群《クラスター》として検討するのも、かれの人間学にとって有益である。書簡群のおおくが、南方のいう智の貯蓄所、すなわちテーマ書簡であるからだ。

柳田あて書簡群を例にとってみよう。両者の往復書簡を調べることで、南方と柳田の接近と離反の真実を知ることができるかもしれない。

『全集8』によれば、南方は、明治四十四年三月二十一日づけの第一簡から、大正十五年六月六日に投函されたさいごの書簡までに、百六十一書を柳田にあててしたためている。『全集』での頁数は四百九十頁におよぶ。字数にすれば、約四十八万字、四百字詰め原稿用紙で千二百枚くらいとなる。明治四十四年に六十九書簡、同四十五年から大正元年にかけて五十一書、大正二年十七書、同三年二十一書、同五年にはわずか一書簡のみで、九年間のブランクのあと大正十五年には二書簡を出している。こうしてみると、百六十一書簡の大半は、明治四十四年から大正三年までの四年間に書かれたものである。柳田はそれらの手紙を浄書して「南方来書」と呼んだが、十数冊の冊子となったという(24)。

そもそもの発端は、柳田のほうからの積極的なアプローチであった。

後の章でくわしくみるように、酒を飲まなければその顔もろくに正視できなかった、まばゆい柳田からの「平日深く欽仰の情を懐きをり候処[25]」という丁重な第一信に、南方は大いに満足したであろう。その後、柳田は、仲介役として南方から託された東大教授松村任三あての神社合祀反対を論じた手紙を、いわゆる「南方二書」として印刷し、「二三十部活版に付し二三日の中に自分知れる限の稍《やや》気概ある徒に見せることにいたし候[26]」と、南方擁護の姿勢をしめした。熊楠の全存在を緊縛して身動きがとれないようにしていた神社合祀反対運動についての柳田の積極的な協力は、かれの心をゆさぶったにちがいない。いっぽうで柳田は、金策に苦労しながら刊行の準備をしていた『郷土研究』という民俗学関連の雑誌に、南方の協力を要請した。対人関係に不器用な熊楠も、この好意を多として、柳田にいれあげるような調子で書簡を書きに書いた。「日によつては一日に三、四回も便りがくるほど[27]」であった。柳田も礼をつくして、それに対応した。

このような好意にあうとき、南方は、柳田とのあいだにほとんど距離がないようにかんじてしまう。それは、ゴッホが最初にいだいていたポール・ゴーギャンにたいする執着感情に酷似する。「南方二書」の出版に気をよくして、いろいろなアイディアや未発表論文、それも「女性陰毛論」や「女性性器進化論」のような奇妙なものまで柳田に出版を依頼するほど、一時は、甘えともみえる姿勢をしめしていた。

ちょっと大略神社合祀反対論を認め貴下へ送るから、貴下何とか直すべき処を直し（なるべく原文を存して）、七月上旬福本誠氏の紹介で『太陽』記者から植物のことか随筆を求め来たれる懇書ありし、その時小生は雑誌などに通俗のこと書くは大下手だが、柳田氏帰京せばその校閲を経て何か出すべしと言い置きし。それゆえ貴下この旨を『太陽』記者に謀り、必ず出しくるべきや。『日本及日本人』より求め来たる、これとても貴下の校閲を経たし(28)というように、あれもこれも、じぶんの論文の訂正、校閲から出版業者への協議までを、当然のように柳田に要求している。堅い皮膜の自我をもつ反面で、妙に人なつっこいナイーブさを容易にさらけだすところが、熊楠らしいところであった。

しかし、両者のあいだにはささいなことが積みかさなって、すきま風がふくようになる。しだいに、それぞれが異なった世界にすんでいることに気づくようになる。そして、蜜月は四年間で終わりをつげ、『郷土研究』の休刊を契機として、ふたりは急速に疎遠となるのである。

両者の離反の原因については、『郷土研究』をめぐる意見の不一致、思想・学問における両者のすれ違いなどがあげられてきた。これらの解釈に、とくに異議をさしはさむ理由はない。だが、柳田という整いすぎた人格の常識と、南方という破格の人格の規範との相克と見るのがことの本質ではないのか。南方の人格のポリフォニーを、多重性を、理解しないままに、柳田からすればあたりまえであっても、熊楠にとってはとてつもなく過大な要求を、柳田がしつづけたためではないのか。じじつ、両者の軋轢は、南方のテクストをめぐって決定的瞬間をむかえることとなる。

破局の直接の動機となったいきさつは、両者の往復書簡によると、つぎのように展開した。

それは、大正五年十二月二十三日に投函された柳田あての熊楠書簡ではじまった。そのなかで熊楠は、柳田が、あたかも熊楠が「竜燈は不知火の漢訳と主張している」かのように述べているのは誤解である、と柳田に抗議した。(29) この争論には、『郷土研究』三巻四号に柳田が尾芝古樟のペンネームで書いた「竜燈松伝説」をうけて、熊楠が同誌三巻七号から四巻九号にわたって「竜燈についての長い論考を掲載していたことが伏線としてあった。けっきょくは、熊楠の勘ちがいであったのだが、問題の書簡のなかでかれは、じぶんが誤解をうけたのは日本語の表現力がまずいためだと、つぎのように宣言してしまう。

しかして小生の文麁《そ》にして意周《あまね》からざる、自分の主張すら読者に達せず、読者(ここでは柳田のこと――近藤)、自分の主張を忘れて小生の主張とさるるようにては、到底日本文で何をかくもむだと存じ申し候。(英国にては幸か不幸か、戦争中売文者大いに減ぜし。その補欠にもあるべく、小生の投文は、前週より予告を出して載せられおり申し候。)よって今少し稽古致し、したが英文にでも綴り出すことと致し候。まず民俗学上のことはあまり書かぬよう致すべく、したがって今度申し上げ候耳塚のことも、材料一々速記文字ごとき符牒を記したまま打ち捨て置き申すべく候。(30)

日本語で文を書くと、読者に誤解される。じぶんは、日本文を書く能力に欠けているので、以後日本語では民俗学関係のものは書かない。英文で英国で出版するのだ、とつむじを曲げているような、拗ねているとも見られる言辞である。だからこの書簡から柳田は、南方の苦衷と危険なサインを、深刻には読みとらなかった。こんな問題で、ふたりのなかが決裂するなどとは夢にも思わなかった。柳田の人格は、南方の人格の構造の深部まで透視するには、整いすぎていた。

そのうえにさらに、「山男」問題がからむ。わが国の歴史的・社会学的観点から山男を考えようとする柳田と、生物学的な、自然誌的なところから出発しようとする熊楠とのあいだには、「山男」にかんして深い溝が――それはあくまでも、理論上の溝であったはずなのだが――できていた。それをまたここに持ちだして、柳田の批判をするのである。いっぽう、柳田のほうは、あとで熊楠の説の一部分を『郷土研究』に掲載して度量のひろいところを見せている。柳田はけっして破局を望んでいたわけではなかったし、その後も、南方にたいする尊敬の念をもちつづけていた。しかし、この書簡にたいする柳田の返書が熊楠の怒りを決定的なものにしてしまう。

柳田の書簡は、「御多煩の折柄細々御示教忝く候　小生も忙中ながら一応御答申上候」ではじまっていた。「竜燈は不知火一味の水辺の怪火を漢訳せしものとは小生の説に有之勿論貴所の言に非ず候　何と手紙に書きてさる御誤解を招きしやらんいぶかしく候」と、まず、なぜそのように誤解されたかを訝《いぶか》りながら、熊楠の誤解であることを指摘する。それから耳塚と山男の問題がでて、そのあとに熊楠を激怒させることになる文章がつづく。

貴所の文多枝多葉にして折々は本流を辿る能はざらしむる嫌あるは事実なれども　小生を始め後代熱心の学徒にして精読を敢てする者には万々誤解せらるゝ患なし　述作をせらるゝからには同国人を益するやうに日本語にて書かれたし　植物とか化学とか数学とか云ふ世界的の学問なら兎に角　民俗学のやうなナショナルな学問に外国文を用ゐたまふは詮も無きことにて　例

へば英文とすれば迚《とて》も英人と角逐して英国の材料を博捜しつゞける能はず　然らば日本支那の話を披露すとすれば言はゞ倫敦の博覧会にアイノをつれ行きし如く一種好奇的歓迎を受くる迄にて仲間入は出来ず　而も折角の努力が学問全体の進運には貢献し不得　断片的に折々利用せられるやうでは何だかこんな事も知つて居たと云ふことを人に認めさせるだけが目的のやうに相成可申候　現世では俗輩と悪闘せらるゝ迄もせめては後代のよき心掛の者の為には御なり被成候やう御力め被成ずては義理が悪からうと存候　何かと云ふと英文々々と言はるゝは一度は小生にこんな事を言はしめんとての御策略かとも存じ候へ共恰《あたか》も旧年の総勘定に際し平素の不平をさらけ出し置候　一遍は御立腹被成候はんかと予め御わび申置候也　早々不一[31]

柳田としては、後学のために日本語の論考をぜひ残しておいてほしい、いろいろ余人の批判はあっても、ていねいに読めば理解ができるというのがほんらいの趣旨であったのが、筆がすべってしまって、というよりも本当は、それまで胸につかえていたものをつい吐露してしまったのであろう、英文で英国人と競争しても、英国の材料では英人にはかなわないし、日本や支那のことを披露しても、好奇心でうけとめられるまでで、知識の切り売りが目的のように見られるだけだ、と言ってしまった。アイヌうんぬんの譬えも火に油をそそぐものであった。この書簡のこの部分は、もし柳田が熊楠の友情を失いたくないのだったなら、ぜったいに書いてはならないものであった。

ロンドンでは、得意の英文論文をもって「議論文章に動作に、しばしば洋人と闘って打ち勝てり」[32]との自負が大きな重石《おもし》となって安定していた熊楠の阿頼耶識《あらやしき》を、こともあろうに、柳田は不用意にゆすぶったのだ。

南方の表在意識はどのように反応したか。問題の柳田書簡を受けて一年三カ月たったあと（大正六年三月二十七日）、南方は、上松蓊《しげる》にあててつぎのような手紙を書いている。顕微鏡の故障修繕の依頼が、眼科医の話に飛躍し、歌人としても高名であった眼科医井上通泰の弟である柳田が突如話題にのぼる。そして、柳田にたいする憤怒が溢流する柳田誹謗の書簡になってしまっている。

柳田氏と音信絶に及びしは、同氏は日本で人もゆるせし民俗学の大家に有之、しかし小生は明治二十年ごろより民俗学に志し、外国文にてその方の著述はなはだ多く候。柳田氏、辞を低うして著作の批評を頼まるるゆえ、小生毎度外国の例を引き、そのことそのことは日本ばかりでは柳氏の説のごとくならんにも、外国には左様に行かぬ事例もありなど申せし（『郷土研究』にその例多し）。それを柳氏が気に食わず、熊楠の文散漫にして一向取り留めたところなしと言わる。

小生答えには、小生は一向日本人を相手に物を書かぬものなり。若き時柴四朗君の『佳人之奇遇』という書に、一尺の我威を日本内に奮うよりは一寸の国権を外国人に向けて振るえとありしを見て感激し、非常に苦辛して外国文を練るに、一字を下すとて血を吐くことあり。素《もと》より不敏の性質ゆえ決して誇るに足らざる文ながら、英国で毎度その方の雑誌の巻頭へ拙文を出し、また予告をも公けにして、読者に出板を待たしおることもしばしばあり。自分若き時の志をいささかも達したるつもりなり。日本文にては何も出さぬつもりなりしを、貴君（柳田氏）が勧めらるるゆえ出せしのみなり。物両全なければ、日本文に拙くとも英文少しもましならばそれで自分の志は届きしものなり。（中略）日本文に拙きはその方に志なかりしゆえにて別に遺憾とも思わず、と答えしに、熊楠のするほどのことは横浜辺のごろつき通弁にも多くこれをなし能うものありとか、日本人の文としては間違った英語が面白うて出してくれるので、アイヌの江戸っ子を芝居で見聞するつもりで持て囃すのだなどと申され候。（中略）

ただただ小児の悪口ごとき文句を吐く（しかも公けにし得ず、私信にて）は、実に批評を求めし人体に似合わしからず。氏は貴族院書記官長という顕（？）職にあれば、給仕童子や属吏守衛などに対してかかる言は通るべきも、天地の広居におり四海衆生を友とする小生ごとき浪人に向かって、右様の無理は少しも通らず。怨恨は怒嗔より起こり怒嗔は羞恥より生ず。いささかも人を恥かしむるは穏やかならず。所詮かかる人と口をきくは無益のひまつぶしと存じ、絶信に及びおり候。(33)（傍点近藤）

柳田とのいきさつを直接関係のない上松に述べているのだが、傍点の部分に見られる書きあやまりは、あたかも柳田本人にあてて書いているような一瞬の情動のゆらぎをみせている。柳田書簡の内容をかなり誇張しているし、勘ちがいも若干はあるようにみうけられる。ただ、「横浜辺のごろつき」うんぬんは、明治四十四年十月十四日の柳田書簡に書かれていた、

貴下は年久しく外国におられ候のみならず、帰りても無鳥郷里にのみ住まれ候故、御見識何分にも偏りたりとおぼえ候。東京などは見ずとも新聞で分かっておる、二十年前とちがうた点は

ほんの少しだ、と言わるるならんが大ちがいなり。もしいささかにてもかかる風にかぶれて日本を見たまうようなら（失礼を許したまうべし）これすなわち横浜あたりにごろごろしている通弁や案内者の仲間に近きものとなるべし(34)」

という、かなり失礼な柳田の一文をさしていると思われる。このときには、熊楠は「小生の性向、行為につき苦言を惜しまれず、まことに益友なり。土宜法竜師の外にかかること言い出しくれし人なし」と、さっそくつぎのような返書をしたためていた。同月十七日のことである。

小生はいかにも無鳥郷の伏翼なり。しかし、かつて鶤鳳《こんほう》の間に起居した覚えはあり、帰来も及ばぬまでも世に後れまじきためにずいぶん斬新な著述などとりよせ見ておれり。不幸にして日本には貴下のいわるるごとき心にくき高著、深論の出でたるを見ず、また聞きしこともなし。

（中略）

横浜辺の通弁、云々。小生は糊口のため南ケンシントン博物館の技手として、しばしば絵画その他の目録を作りたり。しかれども特約ありて館規と多少方を異にし、時に銭もらわずに余計にはたらき、ひたすら精細確実のものを仕上ぐることをつとめやりたり。（中略）小生は外国で奉公しながら自国の言い分を立て通した男なり。（中略）さればとて「陰徳は耳鳴《じめい》のごとし、人知らずしておのれ独り知る」。あまりにこれもそれもと自分の功名をいう者を見れば、小生自分立ってこれを蹴らんとす(35)。

このときは、一見、冷静な対応に終始しているように見えるが、誇りたかい熊楠の自我にグサリとつきささるものがあったはずだ。後々、十月十四日の柳田の手紙が尾をひいて、両者の決別の一因、それも決定的な、一因となるのだ。

この時点での柳田は、熊楠が英文論文でみせた実力を正確に評価できなかった。南方は、世界を見ていたが、柳田は国内しか見ていなかった。このことにかんしての、熊楠のつぎのような主張はいま読んでも、説得力がある。ただ、すこしばかり、恨み言をさしひく必要があるが。

小生は柳田よりは外国のこと多く知りおり、林子平が申せしごとく江戸の水がすなわち英仏海峡の水と通ずることにて、今日日本のことを日本の風でのみ書くは迂廻はなはだしければ、なるべく読者一汎に、日本にこんなことがある、外国にも似たことで理由が知れおるのがある、それと比較せねば日本のも御多分に洩れず外国同様の理由なるべしという風にかかば、一汎に大いに面白がり、また世界の大勢にも通ずるに及び、大いに学識を助くべしとの趣意で、いろいろ多大の書冊を飜し毎度議論を出し候も、氏はこれをもって小生が海外のことをやたらに引き出して博聞に誇り、柳田氏の狭聞を公衆の前に露わすごとく解せしにや、すこぶる小生の文を喜ばず(36)。

学問は、ほんらい、ユニバーサルなものである。在京の大家といっても、世界が認めなければ、価値のない存在である。それが、コスモポリタン南方のゆずることのできない学者評価のプリンシプルであった。だが、柳田は「西洋と文明の自慢のし合いもするを要せず候えども、四十年来の受売にあき、此方は此方にて明らかにすべきものは明らかにし、示すべきものは示し、どうしても東国の学風を作らねばならず候[37]」と自説をまげなかった。

熊楠は世界の比較民族学を指向し、柳田は一国民俗学の確立を急いでいたのだった。

上松あて書簡では、もう、明治四十四年の柳田あて書簡のような余裕はみられない。熊楠の執拗な怒りと無念さがにじみでている。ライプニッツにならって、浩瀚な書簡を柳田に託そうとした熊楠であり、一時期には、熊楠のあの飛躍・奔放文体の影響までうけた柳田であったが、交差する線路のうえの電車がいつかは衝突するような必然的ななりゆきであった。アルルでのゴーギャンとゴッホの共棲の破綻がさけられなかったように、柳田と熊楠の協同もまた崩壊する運命をまぬがれなかった。

くだって昭和二十五年に柳田は、「私などは是を日本人の可能性の極限かとも思ひ、又時としては更にそれよりもなほ一つ向ふかと思ふことさへある」といい、「南方熊楠は大切なる現象」であるとするが、「又一つの事件でもあつた[38]」と述懐している。柳田は破局がこんな形でくるとは予測していなかったとみられる。柳田にとって、熊楠との確執は、たしかに、あとの章でみる大正二年の南方邸訪問事件ともども了解にくるしむ一つの事件であったろう。上松にあてた書簡で熊楠は柳田を罵倒したが、柳田のほうは、後々までも熊楠にたいして相当の敬意を表するのにやぶさかではなかった。南方に、「もう一つ後に燃えて居た清い霊魂の光」を見ていたし、しおらしい写真の南方をみれば、「測らずも涙を墜し[39]」ているほどである。「まことに馬鹿げたことで先生からうとんじられて[40]」という柳田は、南方のポリフォニーを理解しないままに、線路が曲がったのは熊楠の路線のほうであったという想いを、一生捨てきれなかったことであろう。

南方がじぶんの和文イディオレクトについて、大正六年三月二十七日の上松あて書簡ほど率直に述べているのは、ほかにはないと思われる。ここでは、日本語で論文を書かないのを、若いときからのナショナリスティックな思念のせいにしている。「物両全なければ」、英語論文が立派に書ければ和文は仕方がないではないか、と熊楠はひらきなおる。でもそれは、エクリヴァン、リテラリー・マンとしての誇りにいきる熊楠としては、なんとも強弁にすぎまい。いってみれば、こんな児戯にひとしい弁解をしなければならなかったところに、かれの和文イディオレクトにおける宿命を見ることができるのではないか。南方は、柳田が要求したレベルでの和文は苦手であったのだ。柳田のようにロジックをさきにたて、透明で了解しやすい構造の論文を和文でかく能力を、成年後の熊楠は欠いていたと言わざるをえない。

われわれは、書簡イディオレクトとしての熊楠テクストを分析してきた。この作業のおわりにあたって、ここまでの成果をふまえて、エクリチュールとしての南方学を整理しておこう。

南方学の真骨頂は、神秘体験もさることながら、小理論を満載した没論理、壮大な構築物における無構造にあり、和漢洋印の交響する偉大な瑣末主義、博物収集マニア的百科全書指向の饒舌智にある。そして、じゅうぶんに性愛嗜好的《セクソマニアック》でもある激情音が間挿される。そのテクストの総体を表出するものが、威儀をただしたフォーマルな英文イディオレクトから、天衣無縫で自由奔放な書簡イディオレクトまでのポリフォニックな意識と文体であった。そしてその背後には、迂遠・冗長・逸脱を属性とする内的観念連鎖の錯綜する、瑣事拘泥的で執着的な、あの人格の構造が、頑として、存在していた。

第四章　疎外するもの

われは狂暴不敵にて

南方は、じぶんが人なみはずれた癇癪もちで、しばしば暴力的であり、そのためにまわりからは疎外されるはめになることをよく自覚していた。「小生は元来はなはだしき疳積持ちにて」(1)「世間に向かぬ男なり、世間に向かぬ男が強いて世に向かんなどするは全敗して世を誤つのもとなるべし」(2)とか、「小生狭量にして思ひ詰た事は少しも和寛せぬといふ人、貴下の外にも多し。これは小生の天稟也。枉《ま》ぐ可きに非ず」(3)とおのれの性格を率直に解剖してみせる。田辺蟄居《ちつきょ》中に、安部磯雄から早稲田大学教授として招請され、大隈重信伯爵からの熊楠のための研究所をつくるという条件があったにもかかわらず、この申し出をことわっているのも(4)、日本民俗学会の評議員に推薦されたのを謝絶しているのも(5)、組織のなかで協調してやっていけない、おのれの性格をよく知っていたからだ。これがはた目には、「卑屈なまでの自己抑制」(6)とうつってしまう。

かれの粗暴な行動は、すでに神田共立学校在学中に、英語教師であった高橋是清から南方君《ナンポー》ならぬ「乱暴君《ランボー》」とよばれたという逸話[7]からも想像される。その激情的情動の暴発は、かれの家庭生活のなかにも、さまざまな波紋をえがいていた。

じぶんの癇癪についての愛息熊弥（愛称ヒキ六）の反逆の言葉を、かれは日記に記載することをわすれない。

予書庫の書籍目録又合祀に関する書付失ひ、連日さがしあるき怒るを見て、ヒキ六松枝（熊楠夫人――近藤）に、トーサン怒て斗《ばか》り居る故よそへ追出し野長瀬（忠男）さんの様な人をあとえ畜《カフ》たらよいといふ[8]。

また、あるときには、

起て居る内は怒り、臥て居る内は静かにせにやならぬ、ねて居る処を斬てやらうか[9]

と母松枝夫人に陰口をきいて、しかられている。五歳の幼児ながら、父親の癇癪にはげしく反発している。

それにしても、五歳の児が、「斬ってやろう」とはおだやかでないのだけれど、これは日頃の熊楠の口吻をまねたものであろう。口吻だけではない。神社合祀反対運動で、郡や県の要職にある人々を攻撃する熊楠にたいして、松枝夫人が、

其事を大事件で宛《あた》かも謀叛如きことと心得、自分（妻の）の兄妹等官公職にあるものに、大影響を及すべしとて、子を捨てて里へ逃帰るべしと、なきさけび[10]

そのために、六十日ほど浪費してしまったとして熊楠は、「大に怒りて酒のみ、妻を斬るとて大騒

ぎせし」と従兄弟の古田幸吉にあてて書いてもいる。

『日記』を見ると、松枝夫人はもともと腺病質のように見えるが、激しい熊楠の情動の振幅についていけなくなった夫人は、しばしば、ヒステリー様の症状を呈することで、それに抵抗している様子がうかがわれて哀れをさそう。

ある日のこと、土宜法竜からきた葉書を熊弥がやぶりすてたあと、その破片をさがすために、夫人が書斎をかたづけたことがあった。そのためにかえって書状・書籍などの熊楠流の書斎の秩序が破壊されたといって、熊楠が怒りだし、恨みがましく夫人をなじった。そのために、夫人は失神する。

其内松枝おそはれ、予いかにさはりおこすも正気に成ず。其後時ありて正気になり曰く、予に叱られし夢見たりと。[11]

失神した夫人は、熊楠がなんど呼びかけ、ゆりうごかしても、しばらくは覚醒しなかったのである。

もっとも、

小生は人と争ふに直向ふのみ心がけ、計策事は真に下手《へた》なり。毎々妻にすらやりこめられ閉口捧首する事多し[12]

というような面もあるのが、かれの発作的衝動性向のなかに穏和で単純な一面をかいまみせて興味ぶかい。

土宜にたいする信書（これは土宜にたいする南方の第二信である）の冒頭で、かれは自己紹介をかねて、つぎのようにおのれを分析してみせる。後に出てくる大英博物館暴力事件の「陳状書」のなかでたぶんに便宜的に表現したとはいえ、じぶんの宗教上の師とさえよんだ(13)者にたいする手紙でこれである。

> 恁麼《いんも》にして来たるも棒を吃《きつ》し、不恁麼にして来たるもまた棒を吃す。仁者《にんじゃ》、小生を呼んで、舎《しゃ》利弗《りほつ》に比す。舎利弗の影にあれば鴿鷺惴《はときようずい》せりとか。さればこの舎利弗（小生）が、気が向いて唄歌躍舞するうちに、おのれに気が向かぬときは人にはりこみを加うる癖あるを知るべし。これまことに釈尊が和融寛大にして、鴿もまたその影に安居せるに及ばざるなり。小生、一体人とよれば棒を与えたくなるなり。ショッペンハウエルの譬喩に、豪猪《やまあらし》（蝟《はりねずみ》のようなもの）四、五、圏中にありて寒を感じ温を欲して相密著するときは、双方の刺《はり》たちまち相痛ましむ。これをもって賢人は温を貪りて相刺さず、温を少なくして刺撃を受けざるを事とす、といえり。さればこそ小生は独孤にて人に求むることなし。仁者、小生に向かいて温を求めらる。これその刺を畏れざるなり。願わくは小生の刺に痛むことなく、単に多少の温を得られんことを望む(14)。

この手紙を書くまえに、二人はすでにロンドンで意気投合していたのではあるが、こんな率直な自己紹介が、ほかに例があるだろうか。土宜あての第一信は、ジャイナ教にかんする議論以外は、どちらかといえば事務的な内容がおもで、この第二信とのコントラストは強烈だ。この差は、筆をとったときの気分に左右されているとみられる。ここにも、熊楠の意識の多重性が露頭している。

自分は、すぐ暴力をふるい、棒をくらわしたり、はりこみを加えたりする、ハリネズミのような、人を傷つけやすい男であるから、自分と交際するのなら、どうか傷つかないように注意をしてほしい、といっているのだ。愛人羽山蕃次郎にあてても、自分の気質を「狂暴不敵」[15]と表現している熊楠だ。それにもかかわらず、南方と土宜とのあいだの終生つづいた友情は、ひとえに、この忠告をすなおにまもった土宜の、かわらない和融寛大な態度によった。とどうじに、書簡のうえで宗教論をたたかわせただけで、両者はたがいに接触することも稀であった事実にも負っているだろう。なにぶんかれらは、熊楠の帰国のあとは、わずか二回しかあい逢うことはなかったのだから。

柳田と南方の最初で最後の出会いの顛末は、奇妙なくいちがいで有名であるが、柳田が同伴した初対面の松本烝治をみた熊楠は、「こいつの親爺は知つてゐる、松本荘一郎で、いつか撲つたことがある」といった。「よく撲つたといふ癖があるらしいが、松本はたゞ苦笑ひをしてゐた」[16]と柳田は書いているので、よく撲ったという癖は、関係者には周知のことだったようだ。

熊楠の暴力への傾斜は、つぎの河東碧梧桐の一文からも想像される。碧梧桐は、じぶんを鳩に、熊楠を鷲にたとえて描いている。

鹿島渡り（その日は、熊楠が碧梧桐を鹿島につれていく約束であった――近藤）を再三催促してようやくお神輿《みこし》の上《あが》った時、和露始め田辺の同人も同行するというて会した。後にきけば、南方さんが酔うて乱暴を働きはせぬかと、我輩の身の上を一同で心配したとのことだ。もとより腕力から言えば我輩は鷲の前の鳩だ。何心なく我輩の手を握ったのさえ、やや痛みを感じたのでもほぼ想像が出来る。[17]

熊楠のこのような癖は、やくざ者の世界ならいざしらず、ふつう一般の社会では、尋常一様なものではあるまい。もちろん口でいうだけではない。じっさいに暴力をふるう「ランボウ君」なのだ。そして、その結果、取り返しのつかない事態をまねいて、かれの人生航路の軌跡が蛇行する。

明治二十六年、渡英して一年たっていたが、二十七歳の南方は、ロンドンの学術雑誌に東洋学を核としたすぐれた英文論考をやつぎばやに発表していた。最初の英文論文「The Constellations of the Far East」は、明治二十六年八月十七日に起稿し、わずか二週間後の同月三十日には脱稿。九月二十一日にプルーフを校閲し、翌十月五日号の『ネイチャー』を飾った。南方の論文が、アーティクルやフル・ペーパーではなくコレスポンデンスであったとはいえ、『ネイチャー』は現在も、世界でもっともプレステージのたかい自然科学雑誌である。

なんと、その一週間あとの十月十三日には、同誌に第二編「Early Chinese Observations on Colour Adaptations」が掲載されているのだ。それまで永年蓄積してきた知識のデータベース[18]から、さまざまな情報が再構築されて、あふれだすかのような勢いであった。熊楠の真価がいかんなく発揮されていた。

いっぽう、努力も惜しまなかった。学者として大成するという大事を思いたった熊楠は、明治二十八年の元旦、心あらたに意を決して勉強する意志をつぎのように表明している。

大節倹の事。日夜一刻も勇気なくては成ぬものなり。ゲスネルの如くなるべし。大事を思い立しもの他にかまう勿れ。厳禁喫烟。往時不追、来時不説。禹は寸陰を惜む。学問

と決死すべし。　晩学如夜燈、尚勝無之。(19)

晩学といってもまだ二十代の後半、ゲスネルのように独学で斯学の泰斗たらんと野心まんまんたる熊楠の決意だ。

十九世紀末のロンドンで、かれは、東洋と西洋の架け橋となる学問をこころざす数少ない学者の、それも有望な一人としての評価がたかまりつつあった。じじつ、和漢洋印の四分野をあつかえる学者のなかでは第一人者で、というより、ひとり熊楠の独壇場のようなものであっただろう。(20)ロンドン大学事務総長フレデリック・ビクトール・ディキンズ(21)、大英博物館東洋部長ロバート・ケナウェイ・ダグラス、大英博物館古物学・民俗学部副部長チャールス・ハーキュリーズ・リード、『ネイチャー』編集長ジョセフ・ノーマン・ロッキャーなどの知己をえて、熊楠の学問は大輪の花を咲かせるかにみえていた。

当時を回想して、かれはいう。

明治二十六年(小生二十七のとき)御存知の『ネーチュール』(世界で有名な週刊科学雑誌で、その社長ロッキヤーは小生も会いしことあるが実に倨傲無比の老爺なり)何十年とかの祝い号を出し、当時高名の進化論の先達ハクスレーが序をかき、科学に大功ありし人という意気込みで『ネーチュール』寄書家中高名の輩の名を列し候。すべて三百人か四百人ありしと記憶す。それに日本より名出でしは伊藤篤太郎氏(ケンブリッジ大学卒業、林娜士《リンネウス》学院会員)と小生と二人なりし。二人とも官学に関係なきもの、ことに小生は自学にて当時馬部屋の二階に一週十シリング(二円五十銭)の安値で下宿致しおり。[22]

馬と同居する貧窮のさなかにあったとはいえ、一流の科学雑誌の投稿者の常連として名前をあげられ、若き熊楠の得意満面の表情がここにある。

ところが、学術界の上昇気流にのっていたはずのかれが、突如として奈落の底に転落する事態がおこった。それも、その原因は、かれの暴力沙汰にあったのだ。世に有名な大英博物館英人殴打事件である。その顚末にかんしては、多くの著述もあり、新しく発見された資料もとりいれて、包括的で可能なかぎりの正確さをもって書かれた松居竜五のすぐれた論考の一章[23]があるので、詳細は省略する。

かれの愚行についての諸家の解釈[24]では、だいたいつぎの三点が、誘因としてあげられているようだ。まず、送金を絶たれた南方は窮乏のどん底にあって、気分が鬱屈していたこと、第二に、酒がさらにその気分をあおったのではないかということ、そして、東洋擁護の気負いがあったこと、である。

比較的あたらしい一つの見方として、牧田健史の見解を見てみよう。

熊楠はロンドン生活の当初より(中略)物質面にとらわれない求道者然とした態度さえ窺えるのである。逼迫した経済状態が多少続いたとしても、それが原因で彼が〝命〟ともしていた学問のためのより所であった大英博物館を棒に振るようなことはしなかっただろうと思うのだが。

それでは何が彼をこのような行動に駆り立てたのだろうか。それはむしろ熊楠の剛直無比の気質による、当時の強い西洋優越の風潮に対する抑え難い反発心であったと見る。これが東洋擁護の〝気負い〟として、さらに西洋攻撃の〝気炎〟として高まり、極端な行動となって現われたのがこれらの事件であったと言えまいか。

なお、酒の勢いで、という見方もあるようだが、この事件はビクトリア時代の、監督がことのほか厳しかった閲覧室内でのことである。酔狂で人を打つほどに酒を飲んだ読者の入室が許されていたとは思えない。この点では、同閲覧室の現監督官も、やはり同じような意見だった。[25]牧田説では、経済的困窮説も飲酒誘因説もしりぞけられて、熊楠の東洋擁護のナショナリズムが主因とされているのだが、事実は、そんな単純な問題ではなかったらしい。暴力事件当日の『日記』を繰れば、酒も、もちろん、おおいにからんでいた。

それだけではない。大英博物館での一連の暴力・粗野行為は、熊楠の精神の機構にせまらなければ解けない性質のものであったと考えられるのだ。各種の評伝・伝記類のなかで、この時代の熊楠の精神病理にまでメスをいれているのは津本陽の傑出した評伝小説『巨人伝』[26]くらいしか見あたらない。津本は、被害者意識にもとづく「やれ」という内心の声[27]をきいて、熊楠が英人をおそった、としている。

英人殴打、それにつづく大英博物館のなかでのかさなる粗暴なふるまい。熊楠の不思議な行動について、われわれの解析をはじめるとしよう。

ロンドン日記から

南方という存在の謎をさぐるために、いま検証したいのは、かれの暴力行為が正当な抗議とみなされるほどの侮辱が、客観的事実として、かれにくわえられていたのかどうか、という点である。それは、津本が示唆した〈被害念慮〉が、熊楠の暴力行為にどのていど関与していたかを正確に評価するためにも必要な条件なのである。

そのためには、熊楠にあびせられた侮辱の性質と頻度が過不足なく、正確に評価されなければならない。侮辱にたいする熊楠の反応と、それを左右するかれの精神状態も検討されなければならないだろう。これらの点にかんして、参考となる記載を「ロンドン日記」[28]から抜粋し、博物館に提出した熊楠の弁明である「陳状書」[29]や清国をめぐる当時の国際情勢などと照らしあわせてみることが、いまからおこなうわれわれの作業となる。

なぜなら、「陳状書」では、さまざまな侮辱、揶揄、蔑視、嘲笑が熊楠にくわえられたと主張されているのだけれど、その主張の客観性には問題が残されているからだ。また、これが書かれたときの不安定な感情からくる混乱もみられて、残念ながらあまり資料価値が高いとはいいがたい。松居の「おそらくここでも、かなりの誇張が含まれているであろうことは容易に推察し得るところである」[30]という指摘や、牧田による「ここ（大英博物館――近藤）の読者は大学出身程度を定限条件として厳選されるものであり、諸規則もより厳しかった時代のことであるから、相当に厳粛な雰囲気だったと思われるなどを考えると、『陳状書』に述べられているようないやがらせや露骨な妨害行為は、とてもそのままには信じ難い[31]」とする見解を紹介するにとどめよう。

「ロンドン日記」は、明治二十五年(一八九二)九月二十一日の渡英の日にはじまり、明治三十三年(一九〇〇)九月一日のロンドンをはなれる日で終わっている。そのなかから、熊楠にむけられた侮辱(〰〰であらわしている)の事例とかれの飲酒(‖)、争論・闘争・暴力(――)に関する記載を再録してみよう。

明治二十七年三月十七日
「青年及兵卒に支那人支那人と連呼さる」
明治二十八年十月二十四日
「明日争論に行んとせしが入らぬ事故止るなり」
明治三十年二月二十三日
「午後博物館へ之道上加藤氏店に之、酒のみ久くおる。失敬の客来り、予之をやりこめる」
明治三十年三月十日
「四時頃、木村来り、予と口論す」
明治三十年四月三日
「ブリクストンにて女につき当り、女倒る」

明治三十年四月二十八日
「富士艦にいり、津田氏殊の外寛待さる。(32) 四時過ぎに至り一族は去り、予は止る。五時過予去り、フェンチャールチ街よりカノン街に至る途上、女の嘲弄するにあい、予乱暴し、巡査四人来り、最寄警署に拘さる。又乱暴数回(六時過か)。夜二時に至りかえる(巡査予の為に閉口す)」
明治三十年六月七日
「士官次室にて飯う。八時過、三人は水兵案内にて去り、次に予も帰る。加藤小尉、停車場迄送らる。ピカジリーにて人を打つ」
明治三十年六月三十日
「夕、ハイドパークにて無神論の演舌きく。演者ロニー中々達舌なり。終に喧嘩おこり、予高帽を巡査に打る」
明治三十年八月十三日
「夜、ノチングヒル辺を歩し、道にまよう。それより荒川氏を訪、鎌田氏もあり、共につれ出、鎌田氏宅前にて別る。歩してケンシングトン園に至り、五人斗りと打合い、帽砕かれ傘おられ鼻血出てかえる」
明治三十年十一月八日
「午後、博物館書籍室に入りさま毛唐人一人ぶちのめす。これは積年予に軽侮を加しやつ也。

それより大騒ぎとなり、予タムソンを罵し後、正金銀行へ之、中井氏に十磅《ポンド》かる」

明治三十年十一月九日

「夜、リード氏を訪、不在、妻に面し、ホイスキーのみ加藤氏を訪う。大酔乱言して帰る」

明治三十年十一月二十三日

「予と共にマリア方に飲食、予ウェーターを叱り付、一同大あきれ」

明治三十年十二月五日

「朝早く高橋氏来る。やどの主婦、高橋毎度来るを怒り、予口争の上、去年やりし盆一枚焼く」

明治三十一年一月三十日

「夜、加章を訪う。入道と共にハイストリートに行きカレーを食う。（行く道にてバスにて車掌を罵り、さかにしからる。）高橋方に宿す」

明治三十一年二月七日

「博物館にて前年打ちやりし奴に唾はきかけ、同人予の席へ詰りに来る。されど事なく、予は夜迄勉学して帰る」

明治三十一年三月二十一日

「大酔の上娼家に入り嘔吐中三磅盗まれ、警察署に之き巡査三人警部一人して探せしも、右の女不在にて知れぬとのこと」

明治三十一年四月二十一日
「朝、坂上氏より博物図書縦覧札返附さる。午後、博物館に之前《ゆくまえ》ショーラー（トテンハムコート・ロード）にて昼餐。一読者（此者予を嘲哢せしこと二回あり）戸を出るとて予にマッチを打付去る。予大いに怒り、館内にて打ちやらんと思いしが、考る所ありて止む」
明治三十一年五月二日
「午後、博物館に之、道上トテンハムコート・ロードに飯う。道上近街レットライオンに飲む。女、予をわらう」
明治三十一年五月二十五日
「餐肆の給仕女と客来娼女二人と口論」
明治三十一年八月二十六日
「朝、家の婆、『ネーチュール』到着せるを昨夜持来らざりしを怒り、大声にて叱り飛しやる」
明治三十一年八月三十日
「博物館にて土耳其《トルコ》人（？）の胸つきとばし、館長代理と問答」
明治三十一年九月六日
「午後、博物館に之、リード氏に面し、又ダグラス氏を訪、不在。それより中井氏を訪、帰途大酔ひっくりかえり鼻傷く」
明治三十一年十一月十七日

「伊東とカフェーに飲、それより同車してパジングトンに至り、予は入浴。それより児玉を訪も中止、門に至り帰りて、又出、家の老婆を打、巡査と争い入牢」

明治三十一年十一月十八日

「朝、西ケンシントン裁判廷に出登、筆にて記し示さんとする内、放免、署に之、杖を受けて家に帰り、館に之」

明治三十一年十二月七日

「伊太利人ボルプナグリオ次にグラント氏と飲みはなす。夕、館にて女共声高き故、之を止んことを乞えども不聴。因てスパールインケンメント代理に訴え、予追出さる」

明治三十一年十二月九日

「朝早く館総理へ十三ページの陳状書を出す」

明治三十一年十二月十日

「トテンハムコールト・ロードにて飯い、酒のみ、茶のみ、児玉と分れ、バスにて帰る。バスマン、余が与えし十志《シリング》を六片《ペンス》と誤しを、予之を打取る」

明治三十一年十二月二十一日

「一飲後同車してトテンハムコールト・ロードに至り、又飲。オクスフォールド・ストリートにてバスにのらんとして落ち、右手を創く」

明治三十二年四月十二日

「夜、近街にのむ。一人泥酔、余に酒二盃、タバコ一おごり、支那人と呼。余、大に怒る。亭主仲裁」
明治三十二年四月二十五日
「此日、博物館へ之《ゆく》途上、小児、予を支那人と呼、予大に怒る。其のものはにげ去る。其友はおとなしきものにて、楠次郎に似たり」
明治三十二年五月十三日
「今朝二時斗り、となりのもの又遅く返り来り、はなし歌う。因て予シャツ裸でのりこみ、大に罵る」
明治三十二年五月二十七日
「夜、帰途、近街歩す。西ケンシントンにて、予の頭に物打抛るものあり」
明治三十二年六月二十四日
「夜、帰途、レドクリフ辺の酒屋（先年鎌田とつれ行し）にて酒飲みしに、dirty とよばる。盃打つけやらんと思いしが、忍び帰る」
明治三十二年七月二十一日
「それよりハイドパークに歩、池に群児泳ぐを見る。女二人来り見、児共に詈《ののし》らる。それより歩して帰る」
明治三十二年九月十七日

「歩してコープを訪、それより歩して富田氏を訪、不分。二若年者に唖し、頭たたかれ帰る」

明治三十三年一月二十日

「午下、富田を訪、高橋、細井あり、次に門氏来り、日本酒のむ。予は麦酒のむ。細井に喧花《けんか》ふきかけ闘んとす、一同押止む。それより玉つき一同で之。玉つきみなふさがり居る。乃ち酒のみ、転してアイセイサー方に之、長飲。田之、高橋先去る。予は富田、門と富田方に之。八時過より十一時半迄、予は麦酒三、他二人ブランジーのみ、謡うたい、予舞い大さわぎ、予高声にて謡出す時、家の主婦(後家)来り、小言いう」

明治三十三年三月二十一日

「モリソン方に二盃のむ。出る時女二人来り打あたり、予のタバコおとし、予大いに怒る」

明治三十三年三月三十一日

「戸出る時、近隣小児(十二才斗り)チンチン、チャイナマンといい、予大いに怒り、夜に入て不止」

明治三十三年四月二十八日

「九時過、共に出、玉つき屋にのむ中、酌女高橋に支那人といいしより、高橋大いに怒る。武藤とつれ出ゆく。予あとにのこり、亭主に注意し、一先帰り状一本認め、又モリソン方にのみ、玉つき屋に之、亭主よび出し、右の女も来る、あやまらす」

明治三十三年五月三日

「夜、共に飲帰り、又出飲、予をチンチンという妓あり、予大いに怒る」
明治三十三年五月八日
「朝、早起、高橋を訪。美術館に之途上、女児支那人とよび止ず、傘にて打ちやる」
明治三十三年六月二十七日
「モリソン酒店に之、前日高橋に近かりし女(ちんがお)、予を支那人という。予酒のまぬ事に決心す」
明治三十三年七月十六日
「『タイムス』への状出し帰れば、栗原まち居る。共に飲、それよりセントオスワルド・ロード栗原前住宅へゆき、住人の名きき(これは九星の暦失しを局へかけあうなり)、西ケンシントン入口よりアールスコート・エクスヒビションに入り歩し、中にて予傘にて高帽きたる人打つ、別に事なくてすむ」

大英博物館英人殴打事件

明治二十五年(この年の九月、南方はロンドンの地をはじめて踏む)・二十六年の両年の『日記』には、該当する記録が見あたらない。不眠も、過度の飲酒も、暴力も、嘔吐もない。熊楠の身辺も、かれの精神状態もおおむね安定をたもっていたといえよう。渡英直後のことであるから、気分のうえでも羽目をはずす余裕はなかったということか。つねに三日坊主におわる禁酒・禁煙を再三誓ったり、禁茶まで宣誓する。

翌二十七年三月十七日に、「支那人」とよばれるのだが、「予髪甚だ長きを以てなるべし」と、日記の文面では、まったく反発していない。この年に、日清・清仏の戦争がはじまり、日本、ロシア、ヨーロッパ列強のシナ侵略が露骨となって、ロンドンでの侮支感情もたかまってきたという背景があった。

しかしあくる明治二十八年の元旦には、「学問と決死すべし」とまでその決意を披瀝した熊楠である。青年らしい客気あふれる姿がそこにあった。

明治二十八年七月ころからしきりに禁酒を誓うようになるが、飲酒のうえ嘔吐という熊楠の問題飲酒などはまだ見られない。比較的しずかな飲酒であったのだろう。もちろん、暴力沙汰なども皆無である。二十八年も、『日記』で見るかぎりは、平穏にすぎている。

明治二十九年の『日記』はその所在が不明で、平凡社版『南方熊楠全集』にも八坂書房版『南方熊楠日記』にも抄録しか掲載されていなかったが、一九九三年の「蔵書目録作製の作業中、失われたとみられていたこの日記が偶然に発見され」(33)て、『くちくまの』九五号に中瀬喜陽によって紹介された。それを見ると、この年から、飲酒の記事が少しずつふえているのは事実のようだ。とくに、十二月のクリスマス・シーズンには友人やその家族とともに、楽しく羽目をはずしている様子がうかがわれるが、争論や暴力、嘔吐をともなった問題飲酒ではなかった。

ところが、明治三十年に入ると、がぜん『日記』がさわがしくなるのだ。一月二日に酒をのみ、四日には不眠がはじまる。それまでの「ロンドン日記」とは、がらりと変わる印象をうける。かれの人格が変容していったと考えざるをえない。

かれの情動のゆらぎが環界との軋轢をうみ、それがさらに感情の動揺を激化させる悪循環《チルクルス・ヴイチオーズス》が成立してしまったのではなかったか。そして、過度の飲酒がこの悪循環の黒い炎に油をそそぐのだ。あたかも、アルルのゴッホにおけるアブサンのように。このさけがたい悪循環は、かれらの実存にかかわるものであったように見える。

『日記』の頁をくれば、いくつかの危険なメルクマールがあらわれる。

その一つは、問題飲酒の記載が急にふえていること。その程度も渇酒癖《ディプソマニア》といってよいほどのものになる。四年間ちかく、『日記』のなかでほんのわき役であった飲酒の記事が、急にふえる。それも、暴力、争論、嘔吐をともなう問題飲酒の記事があらわれてくる。このような熊楠の酒癖は、周期性飲酒癖(34)を暗示する。「四半期飲酒」ともよばれる病理現象に近いといえようか。くわえて、飲酒のうえで他人と争論におよぶことが多くなる。争論はエスカレートして、ついには暴力をふるうようになる。精神病理学的な複雑飲酒の様相さえ示すにいたる。

明治三十年一月四日から突如として、それまではほとんどなかった不眠を訴える日がおおくなるのが目につく。そして、病的としか言いようのない嘔吐。明治二十九年十一月十二日の『日記』に嘔吐の記事がでてからというもの、頻繁に嘔吐をくりかえしている。ほとんどは、飲酒と関係があるのだが、自室で嘔吐したり、いやがらせの手段として、他家で嘔吐するのである。
そのうえに、あれほど多かった植物採集にかんする記載が、ぷっつりとなくなるのだ。「狂人にならないために」植物採集をするのだと書いた、その趣味が日記から消える。不吉な予感がする。熊楠のなかで、なにが起こったのか。
南方は、のちのち当時を回顧して、
大抵人一代のうち異《かわ》ったことは暮し向きより生ずるものにて、小生はいかに兄が亡びたればとて、舎弟が、小生が父より受けたる遺産のあるに兄の破産に藉口して送金せざりしを不幸と思い詰《つ》めるのあまり、おのれに無礼せしものを撃ちたるに御座候(35)
と述べている。送金の途絶が、熊楠の渇酒や暴力沙汰の火を煽ったことはたしかであったろう。が、少しばかり言い訳じみたところがあるし、弟常楠が送金不可能を兄に通告した書簡は、ダニエルズ殴打のあとであったという竹内善信の最近の指摘もある。(36)不機嫌、頭痛、不眠のために、酒に溺れ、暴力をふるい、騒動をおこして自滅する。このとき熊楠は、まぬがれがたい実存的な周期に入っていたのではなかったか。
はたして、明治三十年四月二十八日には、ロンドン寄港中の軍艦富士のふるまい酒に酔った熊楠は、女性が嘲笑したとして、暴力をふるったあげく、警察署に留置される。留置されてもなお暴れて、巡査を手こずらせた、と書いている。なにか、それを自慢しているかのようにも読める。この事件などは、飲酒、被害念慮、暴力という要素が一つの運命的な糸でつながって起きたように見える。

この年は十月までに、さきの留置事件をふくめて喧嘩、口論、暴力行為などが六回『日記』にあらわれる。そして、熊楠の内面にあれくるう疾風と怒濤がその頂点にたっしたかのように、十一月八日には、ついに大英博物館の図書閲覧室でG・セント・レジャー・ダニエルズを殴打してしまう。博物館英人殴打事件である。

このように、ダニエルズ殴打の一年ばかりまえから、熊楠は過度の飲酒、口論、面罵、暴力への嗜好にかたむいていたのだった。それがかれの情動のサイクルであったとしても、人格の変化のきっかけになるものが、送金途絶以外に——それも上述の竹内の報告によると根拠が希薄になったのだが——あったのだろうか。

『日記』に見るかぎりでは、熊楠の激情的暴力を正当化するほどの侮辱・迫害が継続的にかれにくわえられていたと結論するには、少しばかり無理があると判断してもよいだろう。

だが熊楠は、ダニエルズ殴打の一年あとに、一連の暴力事件の弁明書として博物館当局に提出したいわゆる「陳状書」のなかで、たびかさなる侮辱と迫害によって追いつめられてやむをえず暴力沙汰におよんだのだと弁解する。じぶんにたいする侮蔑は、いまや英国と対等の地位にのぼろうとする日本人にたいする偏見によるもので、自国の尊厳をまもるために抗議するのだ、とも言い放つ(37)。

かれを暴力行為に駆ったものは、執拗な侮辱とかれの愛国心であるというのだ。

たしかに、汎東洋主義的な愛国の心情は、かれの全生涯をつうじて、いかんなく発揮されているところのものである。この心情は、精神病理学者津本一郎がすでに指摘したように、破綻に瀕した熊楠の自我が、おのれと国家を同一視することによって、自我の危機的意識を東洋的規模にまで拡大し、国際情勢のなかにおける日本の文化的統一の問題としてとらえることで、自己の破滅を回避しようとした防衛行動ともいえるだろう。(38) 熊楠自身がその行動について証言している。

小生大英博物館に在るうち、独人膠州湾をとりしことあり。東洋人の気焔すこぶる昂《あが》らず。その時館内にて小生を軽侮せるものありしを、小生五百人ばかり読書する中において烈しくその鼻を打ちしことあり。（中略）小生はそのころ日本人がわずかに清国に勝ちしのみで、概して洋人より劣等視せらるるを遺憾に思い、議論文章に動作に、しばしば洋人と闘って打ち勝てり。(39)

さきの牧田論文にもあるような、西洋優越の風潮にたいする永年の鬱屈した気分が、東洋主義的ナショナリズムのプリズムをとおって、被害的色彩をおびた攻撃性の黒い炎をあおったのは事実であったろう。

ところで、周期的不機嫌症とよばれる精神病理学的状態が知られている。この症候は、熊楠のロンドンでの謎ぶかい自滅的行動を説明するのに好都合のようだ。この症候にとらわれた人は、周期的に不機嫌となり、「不機嫌状態は怒りや恐怖の激しい情動の揺れを伴い、しばしば家族や他人に対して些細なことで腹をたて、攻撃的になったり、また身体の不調を訴え、心気的になり、絶望感を伴(40)」ったあげく、「思考の着想が情動に満たされ、その考えを解き放つことができなくなり、周囲から圧迫されたような感じを抱く。さらに著しい睡眠不足が加わることによって、妄想を主とした精神病状態へと発展していく[41]」とされている。

熊楠の『日記』にあらわれた不眠、頭痛、病的飲酒、易興奮性、暴力への傾斜は、かれの情動の周期的変動や迫害念慮と無関係ではありえなかっただろう。それは、うえに述べた周期的不機嫌症にちかいものと見ることができるのではなかったか。それにくわえて、東洋主義的ニュアンスのつよい反西欧感情が迫害的念慮に結合したけっか暴発してしまったところに、英人殴打事件の核心があった。

かれの東洋ナショナリズムは、以下の章で検討する南方の「家族賛辞」的心情と通底していたと考えられる。かれは、家族や準家族つまり身内につよい執着的心理をつねにいだいていた。

しかし、熊楠がこうした態度をとる以上、「味方」への信頼は非常に強固なものとなる半面、「敵」との確執もまた極度に激しいものとならざるを得ない[42]と、松居もこのことを指摘している。国粋主義は、国際的レベルでの家族賛辞にほかならない。

時あたかも義和団の事件がおきて、日本をふくむ八カ国の連合軍が北京にむけて進軍していた。英国民がシナ人にたいして敵意をむきだしにするのもいたしかたのない状勢にあった。チャイナマンとさげすまれたといっても、『日記』に見るかぎり、子供によるからかい程度のものであったようだ。それにたいする怒りが、夜になっても止まらない(明治三十三年三月三十一日)というのは、どうみても被害的ニュアンスをともなった病的な過剰憤怒である。尋常な怒りの枠をこえている。その一カ月あとには、同様の理由で、ついに傘をもって女児を打っているありさまだ(五月八日)。

ろくに風呂にも入らず、うす汚い焦げ跡のあるフロックコート[43]や貰い着に身をつつんだ、乞食然とした熊楠をからかう悪童どもと、それに興奮する熊楠のさまが、「ロンドン日記」を見るとき、目にうかんで悲しみをおぼえる。アルルの悪童たちから石をもってうたれたゴッホの姿がかさなる。気をしずめておくれ、あわれな熊楠よ。

第五章　ジキル博士とハイド氏

複雑酩酊

熊楠のアルコールへの耽溺は、たしかに、なみはずれたものがあった。といっても、『日記』を仔細にフォローするとき、田辺在住の酒客たちも、いずれおとらぬ、かれに匹敵する酒豪がそろっていたように読める。ただ、南方の酒は、いくつかの特徴によってきわだっていた。

その一つは、ときには頭痛と関係していたことである。「酒のむゆえ頭痛きか、頭痛きゆえ酒飲みたくなるか(1)」と述懐してもいるのだが、『日記』を見ると、たしかに頭痛の記載のおおいときに酒におぼれている傾向がみられる。熊楠の頭痛は、かれの「ふらふら病」と関連していたと思われるので、飲酒は頭痛を媒介として、かれの存在構造の実存とつながっていたと見られる。

また、内的、外的環境が悪化するとき、病的なアルコール耽溺がはじまっている。弟常楠からの送金が途絶えがちとなり、貧窮にあえいだロンドン時代の末期でさえ、なけなしの収入を飲酒に浪費してしまう。人からのふるまい酒を克明に日記に記録している渇酒狂《ディプソマニア》ともみえる熊楠だった。

渇酒は、かなり、周期的に起きたように見える。つぎの章でわれわれは、周期性ということが、熊楠の人格の顕著な属性であることの決定的意味を知ることになるのだが、それは飲酒にもおよんでいた。ながい飲酒期のあいだに、ほとんど酒に手をつけない時期が間挿されたりするので、周期的な印象をあたえる。

非飲酒期には、すさまじい勉学に身をうちこむ熊楠が見られる。たとえば、飲酒にあけくれた狂躁のアナーバーの生活から遁走した明治二十四年四月二十九日から、翌二十五年九月十四日にロンドンにむけて旅立つまでの一年半のあいだは、送別の宴会以外は、いっさいの酒を断《た》っていることが、『日記』から知られる。「小生も今年になりて一滴も口に入れず、性行ははなはだよろしく相成り候」(2)と羽山蕃次郎あてに書いたのも嘘や誇張ではなかった。

その対極にあるのが、明治三十五年六月ころにはじまった飲酒の周期である。それを『日記』に見てみよう。『日記』のなかではしだいに、飲酒の記事がふえてゆき、その内容も豊富となって、エスカレートしていくのだ。飲み友達や芸者などと連日の痛飲。はめをはずした大騒ぎをやらかして、ときにはたわいもないことで暴力をふるい武勇伝を演じるようになる。カーニバル的祝祭の日々のなかで、酒乱ともみえる熊楠の狂躁ぶりであるが、十一月二十二日には、ついに、アルコール性幻覚に特徴的な小動物(ふつうは昆虫のことがおおいが、鼠もあらわれる)を見るのである。

早く臥しが終日寐付かず、鼠室内を歩みまはり、又怪物出るやうに覚《おぼゆ》る故也。(3)

この飲酒の周期は、十二月二十六日に那智山にふたたびこもるまでつづいた。

前の章でも見たところだが、熊楠の暴力沙汰には飲酒がからむことが多かった。ロンドンでは、警察に留置されるほどにあばれる事件を二度おこしているが、二度とも飲酒をともなっている。また、最終的に大英博物館から追放される原因となった常軌を逸した粗暴行動をとったときも、イタリア人と飲んでから博物館に出かけている。

しかし、なるほど熊楠は大酒家ではあったが、二升も飲んでしまうというのは、かざられた一時期のことであったようだ。酒量については、中山太郎のつくった神話がひとり歩きした面が否定できない。それでも、熊楠自身が、「貴下拙意見書刊行下されしを喜び、今日三時ごろより子分らを集め飲み始め、小生一人でも四升五合ほど飲み大酔[4]」と、いわゆる「南方二書」を柳田が出版してくれたことへの礼状に書いている。ただ、このときに飲んだのは清酒ではなく麦酒《ビール》であったと考えられる。かなりの誇張があるとしても、麦酒を四升五合ほど飲んでから一眠りしたあとに、熊楠が英文「神跡考」の翻訳をいっきに完成してしまっているのは、さきに見たとおりだ。大酒を飲んでも、かれの内的、外的な環境が良好なばあいには、酒がプラスの方向に熊楠を誘導しさえする。

その逆のばあいが問題だ。南方の阿頼耶識《あらやしき》と、それをとりまく環界とのおりあいが悪いときには、アルコールにたいする耐性が低下する現象が見られる。飲酒であおられた粗暴な行動のかずかずは、この「アルコールの感受性の高まり[5]」によるものであったろう。たとえば、明治三十九年一月二十一日の『日記』を見てみよう。そこには、酒に弱い熊楠がいる。

終日在寓、プレパラート作る。夜入湯、二葉（料亭――近藤）に之、一本ビールのむ。大酔蹌踉、

塹《ほり》に陥んとするに及ぶ。(6)（傍点近藤）

わずか、麦酒一本で大酔蹌踉として、側溝に落ちそうになったりする。

このことは、かれが、酒が弱かったという意味ではもちろんない。飲めばかならずというわけではなかったが、内的、外的条件が悪いと、世にいう酒にのまれることとなった。いくら飲んでも平然としている酒豪タイプではなく、わりあい少量の酒精でも、がらりと人柄がかわってしまうことがある酒であった。ときに、アルコールは、かれの多重する人格をきりかえるジキル博士の秘薬となり、さまざまなハイド氏をうみだしたようにみえる。たとえば、飲酒による怒りの暴発がある。

飲酒にあおられたすさまじい熊楠の憤怒のありさまを、同郷の後輩であった朝日新聞記者杉村楚人冠のむすこの武が観察している。

ある夜、喜多幅国手がごきげんで晩酌を楽しんでいるところへ、したたか酒に酔った、形相ものすごい南方翁が、何やら声高に罵りながら転がりこんできた。驚いた国手はまず翁を取りおさえ、

「落ちつくんや、落ちつかなあかん」

と懸命になだめるが、力のある翁はなかなか手ごわい。

「あいつ、きっと鉄砲で打ち殺してやる。見ておれ、小指の紙撚《こより》は忘れんためや」

天井を睨む翁の血走った目は、はげしい怒りに燃えていた。わたしはすっかり怯え動転し、大変なことになるのではないかと戦《おのの》きながら、手を振り回し足をける翁の唯ならぬ有様を眺め

ていた。事の起こりは、南方邸の隣家に越してきた山林成金が二階をつぎ足そうとしたために、折角の翁の研究用苗圃《なえはた》がすっかり日蔭になるのに抗議したことからであった。(7)酒にあおられた憤怒が、自制のきかない発火点をこえて爆発する複雑酩酊の一典型である。それは、熊楠の阿頼耶識の、ゆらぎをこえた、一瞬の暴発であった。

「しかし、暫くすると、翁はたわいなく憤《おこ》り寝入りをし(8)」てしまう。憤怒発作が嵐のようにすぎさったあとには、深い眠りがあった。

飲酒をともなう憤怒発作は、医師喜多幅武三郎がこころみたように力ずくでやると、かえって悪化させる。抵抗性暴力を誘発するのだ。(9)永年南方に私淑した毛利清雅(柴庵)のほうが、そのへんのこつをよくこころえていた。

先生が酒に酔うて憤激した時、多くの人々が強《し》いてこれを圧伏しようとするのは至極悪いと思う。むしろ繊弱《かよわ》き婦人か子供に任して置けば、柔能く剛を制すで、先生の御気嫌はすぐに直るのである(10)

と、憤怒性の複雑酩酊発作の本質にかかわるようなことを、素人のほうがさらりと言ってのけている。国手喜多幅先生の負けである。

獄舎の粘菌

南方には世に有名な入監事件がある。それは、鶴見和子などによる熊楠エコロジスト論[11]がいまの時勢にあって注目されるようになった、かれの神社合祀反対運動に関連しておこった[12]。神社合祀を進めていた県の内務部長に面会してじぶんの意見を開陳しようと、熊楠は紀伊教育会主催の夏期講習会の会場に姿をあらわす。熊楠によるとその一部始終は、

（わしの乱入によって大混乱になった場内で、数人の警官や役人たちが抑えにかかったが、わしは怪力をふるってそれを突きとばし、はねのけた。わしの）乱暴の初めは県属等六、七人予にかかり、一県属予の咽喉を柔術でしめたり。然るに、予の咽喉強く一向にしまらず、予、彼輩をなげたおし、又、警察署長を蛙のごとくぶつける。それより大立まわりに成し也[13]

ということになるのだが、熊楠はそのときすでに泥酔状態にあった。

毛利柴庵によれば、暴行におよんだ日の朝、すでにかなり飲酒していた熊楠が、毛利の主宰する牟婁《むろ》新報社にあらわれた。「社で飲んで、それから小倉酒店で飲んで、玉三《たまさん》酒店で飲んだ。今朝来ビール瓶を倒す事約十幾本、四合ずつの二十本と見たら、八升を飲みほした勘定だ」というほど飲んで、会場に出かけている。「渡米せぬ内に、神社合祀だけは立派に中止させたい。自分の意見は県庁の人たちにも聞いて置いて貰いたい」というのが本旨であった陳情も、過度の飲酒による憤怒

発作のためにぶち壊しでおわった。(14)いままで、反感をいだきつづけてきた内務部長と、アルコールぬきで冷静に話すことなどとてもできない南方であったのだ。

受付で、しばらく待つようにいわれたのを、そのあいだに内務部長を逃がすつもりと勘ぐって、後生大事にかかえていた信玄袋（そのなかには、なによりも大切な採集植物が入っていた）をたたきつけ、椅子をほうりなげるなどの乱暴をはたらいた。しかし、「会場を警備していた役人たちから柔術の手で首をしめられ、ぐったりしたところを手足を持って会場の外へぽィと投げだされた熊楠は、そのまま、しばらくは起きあがれなかった。が、やがてよろよろと起きあがったところを、〈老練なる朝比奈署長はナダメすかして先生を自宅に護送せり〉（『牟婁新報』(15)）」というのが真相であったようだ。

この日の暴行のために、後日、家宅侵入・暴行罪の疑いで、未決勾留されてしまうのだが、

主文

被告南方熊楠ヲ免訴且ツ放免ス

理由

被告南方熊楠ガ明治四拾三年八月二拾一日午前拾一時三拾分頃和歌山県立田辺中学校講堂ニ於テ紀伊教育会ノ主催ニ係ル夏期講習会閉会式場ニ闖入シ携フル所ノ信玄袋及ビ其傍ラニ在リタル椅子等ヲ投付ケ暴行ヲ為シタル事実明燎ナルモ右行為ハ被告ハ当時飲酒ノ為メ中酒症ニ罹リ精神状態ニ障礙ヲ来シ居リタルモノニシテ刑法上責任能力ヲ具有セシモノト認ムベキ証憑充分

ナラズ

依テ刑事訴訟法第百六拾五条ニ基キ主文ノ如ク決定ス

という判決が出て、アルコール性の心神耗弱によるものということで免訴になる。けっきょく、内務部長の意趣をはらしたかたちで、十八日間の勾留の後にぶじ釈放されたのであった。

それでも、この一件で、まったく得るところがなかったわけではない。南方は、留置所のなかでちゃっかりと粘菌の一種を採取して、

科学の大儀のために留置にも耐えた記念として、監獄の古柱の上に生えているのを見付けた *Stemonitis* の一片を採取してきました[16]

という手紙をそえてG・リスターに送っているのが、いかにも熊楠らしい。

余談にわたるけれど、毛利の上掲文によれば、南方はこの事件が起きるまでは、米国政府から議会図書館の図書の整理を依頼されて[17]渡米の心づもりでいたのだ。この事件が原因で沙汰やみになったのかどうか、それはわからない。ただ、熊楠のこころの底にあった漂泊への想いは、合祀反対が成功しないかぎりは、満たされることはなかったのかもしれない。

柳田との対面劇

対人関係で、熊楠はシャイであった、とよく言われる[18]。そのために、初対面の人などには、素面《しらふ》

では会いたくなかったのだ、ともいわれる。柳田国男との最初にして最後の会見での、熊楠の泥酔ぶりは、そのためであったと解説される。しかし、熊楠が対人関係において、ただ単にシャイであったというのは、言葉の厳密な意味において、真実からはやや遠いのではないか。かれの、一見シャイであるように見える表層行動は、かくされた二つの心的要素によって発動された構造的なものであったからだ。

その一つ。熊楠の阿頼耶識のなかでは、さまざまな心理複合体《コンプレックス》がモザイクをなして存在していた。かれの精神の実存ゆえに、熊楠にはけっして許されなかった世俗的成功にたいする鬱屈した感情が、その一角に潜んでいた。大学予備門を落第した直後に脳漿に疾《やまい》をかんじて学級に復帰できなかった運命が、人生の出発点においてすでに、癒しがたい傷痕《スチグマ》を、痂皮《かさぶた》につつんでかれの阿頼耶識の底にしずめていたのだ。それは、熊楠の心の黒い炎として、無意識のなかでもえつづけた。「一般的基準に照らせば、かれは著しいアウトサイダーであり(19)」、そのために、世俗的成功者は、熊楠にはまばゆい存在だったはずだ。

かれがシャイであったというとき、対面者が、かれの心理複合体にふれるような意味存在《シニフィアン》であったのではなかったのか。そういう手ごわい相手と真剣勝負をするはめになれば、かれの阿頼耶識はゆれうごき、表在意識は沸騰し、かれはがぜん闘争的になって、身構える。この心の構造が対人不安とよばれるものではなかったか。そして、阿頼耶識のゆれの振幅を増幅させるのが、ほかならぬ飲酒であった。それはときとして、比較的少量でも、複雑酩酊へと発展させかねなかった。

柳田と熊楠の奇怪な初対面の一幕を、南方と柳田にそれぞれ語ってもらおう。

大正二年の歳の暮れのことであった。

十二月三十日〔火〕陰、雨、夜晴、大強風
松枝眼悪く（めもらひ）、臥居る。予懸取払ひ助く。

グリムの独逸神誌読む。

夜飯後臥し居る。松枝神社札入るゝ札、こしらえしことに付予怒り居る所え、柳田国男氏人力車にのり来る。一昨日東京出立し、和歌山より有田日高へて来たりし也。暫時話し、去る。それより予湯に之、丸よしで二盃のみ、楠本松蔵氏訪ひ、小倉屋で三盃のむ。

錦城館に之、柳田氏及松本荘一郎氏男〔烝治〕に面し、栄枝来り飲む内、予大酔して嘔吐し玄関に臥す。サカ〔栄〕枝とまる。松蔵氏大風中人車にのり予宅に来り、衣服とり返る[20]（傍点近藤）

と、南方は『日記』にしるしている。錦城館は柳田らが止宿していた旅館である。この日は、熊楠の情動は曇りであったらしく、些細なことで細君をどなりつけていたところへ、まさに青天の霹靂のごとく柳田があらわれたのだ。

一方、柳田によれば、

明治四十四年の春先（これは、柳田の記憶ちがいで、『日記4』によると大正二年十二月三十日となっている——近藤）、親友の松本烝治が、どこかへ旅行しようといひ出したので、紀州方面へ行つて南方氏を訪ねてみようといふことになつた。乗物がまだ不自由なころで、大阪から人力車を傭つて田辺まで行つた。東京からお目にかゝりに来ましたといつて訪ねて行つたが、会つてくれない。そして細君を通じて「何れこちらから伺ふ」といふ返事であつた。夕食を済まして大分経つてから、もう来さうなものだといつてゐると、女中がいえもう見えてゐるのです。しかし初めての人に会ふのはきまりが悪いからといつて、帳場で酒を飲んでいらつしやるのですといふことであつた。そのうち、すつかり酔つぱらつてやつて来た。少し酒が入ると面倒になるらしく、松本を見て、こいつの親爺は知つてゐる、松本荘一郎で、いつか撲つたことがあるといふやうなことをいひ出した(21)

ということになる。『日記』では、自宅でしばらく話したことになっているのに、柳田は面会も謝絶されたとしている。あるいは、柳田の記憶ちがいでもあるのか。

これまでに、すでに頻繁に手紙をやりとりした相手に会うのに、はずかしくて、というのは尋常ではない。熊楠はわざわざ楠本(提灯屋。『郷土研究』に田本仁七のペンネームで投稿していた(22)ので、柳田に紹介するつもりであったのだろう)をともなって、それも飲酒のうえで錦城館におもむく。『日記』では、すぐお客さんに面会したようにとれるのだが、柳田によれば、錦城館でも、したたかきこしめしたあとで、やっと奇妙なご対面となったようである。

さて、その翌日の『日記』には、

十二月三十一日〔水〕　晴

終日臥す。午後柳田氏来り、二時間斗り話して去る。予眼あかず、臥したまゝ話す。夜も予

臥す[23]

とあり、柳田のほうも同様の記述である。

一晩しか泊れないので、翌日挨拶に私一人で行くと、細君が困つた顔をしてゐる。そして僕は酒を飲むと目が見えなくなるから、顔を出したつて仕方がない、話さへできればいゝだらうといつて、掻巻《かいまき》の袖口をあけてその奥から話をした。[24]

なんとも不思議な対面劇であった。この前後の両者の往復書簡や『日記』をしらべてみても、のちに両者を裂くことになる軋轢や感情の齟齬は、まだこの時点では、おおきく成長してはいなかった。熊楠はともかく、少なくとも、柳田はそのように感じていたはずだ。表面的には、両者は『郷土研究』の運営に関して、協力を惜しまない関係にあったようにみえる。本来であれば、礼儀正しいなかにも、志をおなじくするものの親愛の情にみちた愉快な初対面の一日になったはずである。だが、とつぜん田辺にあらわれた柳田に狼狽した熊楠は、アルコールという武器を手にしなくては、わたりあえないと感じたのだ。

このとき、いくつかの要因がからんで、熊楠に過剰防御の姿勢をとらせたと考えられる。一つには、先にもふれたように、東京大学法学部を出て、世俗的階段を貴族院書記官長の地位にまで上りつめた人物にたいするぬきがたい劣等心理が加勢していた。そのうえ、前の章で見たように、この年の十月十四日の柳田からの手紙が、熊楠の心のなかに、ぬぐい去ることのできない蟠《わだかま》りを残してもいた。また、あいにく、この日の熊楠の情動は、環界が敵意にみちているように感じられる曇りの周期にあたっていた。だから、このときの熊楠の阿頼耶識ははげしく動揺して、熊楠は身構えたのだ。そして、酒に手をだしてしまった。
柳田の突然の訪問がひきおこした熊楠の感情の不可解な動揺には、いま列挙したような、われわれを納得させるための合理的説明の範囲をこえる部分があるようにも見える。待ちにまったゴーギャンの到来をまえにしたゴッホの病的な情動のゆれが、このときの熊楠の心性の深奥部をかいまみる一助となるかもしれない。

その日が迫ってくると、フィンセントは神経が昂って、食もいっそう細くなり、コーヒーをがぶ飲みし、ルーランと飲むアプサントの量も増えた。ゴーガンは来ないほうがいいのかもしれない。アルルが気に入らなかったら？　天気が悪かったら？　それとも……？（中略）
　ゴーガンの到着が近づくと、フィンセントの興奮はヒステリックなまでに高まり、あるときなど自分でも頭がおかしくなりそうだとテオへの手紙に書いているほどである。(25)

ゴッホの見せたこのアンビバレントな緊張と興奮は、アブサンによって増幅されたとしても、理性的に了解できる性質のものではない。かれの精神の病理に由来するものであるからだ。
ところで、酒という武器で血をながしたのは、いつものことながら、ほかならぬ熊楠のほうであった。あとで柳田が「熊楠は一つの事件であった」と回顧するとき、彼の脳裏にはこの日の「事件」が去来していたことであろう。熊楠の酩酊ぶりの醜態を、柳田はひとりのハイド氏として見ていたと思われる。

翌日おこなわれた、柳田の二度目の南方邸訪問のさいに、なぜ熊楠は顔をみせず、掻巻の袖口をあけてその奥から話をしたのだろうか。昨日の体たらくを恥じて、シャイな感情からそうしたのだろうか。そうではないであろう。熊楠は、まばゆい柳田を見て、じぶんの感情がふたたび制御不能になるのをおそれたのではなかったか。

世俗的権威、その代表は、かつてじぶんを疎外した官学である。熊楠の阿頼耶識の土台は、官学的なものに接触するとき強く揺すぶられる。その波動が意識の表面に津波のようにつたわると、かれの正気はときとして、その波間に沈没することが避けられない。それを、いちばんよく知っていたのは、熊楠本人であった。

かれは、終生、官学的なもの、世俗的成功などにたいしては敵意をあらわにして、かれをとりまく家族や一般庶民に見せた温和な貌《かお》をけっして見せることがなかった。

その敵意は、かなりすさまじいかたちであらわれることがあった。

最近大学教授某氏はこの大学者に敬意を表すべく南方さんを訪問した。南方さんはこの人の差し出した理学博士と肩書のある名刺を取つて、僕は人間とは交際するが一体博士は人間の何の階級に属するのだねといひながら名刺をズタ〳〵に引き裂いて嘔吐を大学教授の面上に吐きかけた(26)

といわれている。だが、事実のうえでは、白井光太郎をはじめとする東京大学理学部の諸学者とは、おおむね良好な関係を維持していた。ただ、白浜の臨海研究所をきらった南方は、京都大学にたいしては、口をきわめてののしっている。

熊楠は、わが国の官学、大学からはなんの創造的仕事もでないであろう、アマチュアリズムこそがその可能性を秘めているのだ、と強調する。熊楠一流の自己信仰的言説でもあるのだが、おもわずうなずいてしまう部分がないこともない。

日本では博士とか学士とか、大学教育と科学の進行を混視し、博士・学士でなければ学問出来ぬように思う風也。是れ大きな間違いにて、何たる発見・発明なきは、これに由る。学位などをひけらかす輩は学問を持久することならず。いわば学問の小売り取次ぎ店で、学問材料の製造人にも製造所にも非ず。ダーウヰン、ワラス、スペンセル何れも素人学問 Amateur なりし(amateur は素人学問の義なれど、只今に至っては、此の内からえらい奴が輩出する故、独学者と訳するが至当ならん)。西洋には学問で飯《めし》くう為に学問せずに、学問を一生の楽しみとする人多し。故に学問が悠々として、真実の域に進むなり。吾国にて近く研究所などいうもの多少出来たが、其の主宰たる人、何の科学の心得も嗜好もあるに非ず。慈善会、救恤《きゅうじゅつ》部同然に外国への広告かたぐ〵こんな名を立てたという斗《ばか》りなり。されば其の研究所員というもの実は是れで俸給とらん為のもの斗りで、某博士、某教授などが落語家が寄席をまわる如く、その研究所に一時間、この研究所に一週に二時間と顔を出し、其の門を出れば、忽ち其の事を忘失し了《おわ》る。(27)

律儀全い熊楠

南方が対人関係においてシャイであったと言われるもう一つの理由は、かれが、ときとして、ひどくおずおずとして控えめになり、律儀で形式ばることがあったからだった。そんな熊楠が、自己中心的で、人を人ともおもわぬ傍若無人な熊楠と同居しているのである。ときに、不機嫌となり、きわめつけの粗野な行動をとるかとおもえば、また急にはしゃぎだし、人なつこく、気だてのよい熊楠となる。またあるときには、威儀をただし、形式ばった態度で人に接する、といった多重する相貌の変化も加味されて、ここに複雑な熊楠イメージが成立する。この象を撫でる群盲の解釈は、多様なものとなるのは避けられない。

南方と土宜との四半世紀ぶりの再会場面に、おずおずと控えめで、それでいて大仰に形式ばった熊楠がえがかれている。しかし、そのなかにも、皮肉という小さな攻撃の刺をかくしもっているのを見落としてはならない。大正九年八月二十五日のかれの一日を坂口総一郎の「高野山随行記」に見てみよう。

九時、金剛峯寺の門へ入る。案内を乞うて玄関へ上《あが》る。先生「汝等は先へ」と。私「どうぞ先生お先へ」と言うと、ライオンのような恐ろしい目付きで「小糠共《こぬかども》が先に立つのが寺法じゃ」と一喝頂戴、そこで小畔氏を先登に小糠が進む。「足音が高い、摺足《すりあし》せよ」とまた一喝。

やがて案内されて座につく。南方先生は、私の寡聞《かぶん》かも知れぬが、かつて人を褒《ほ》めたことがない。ことに日本の学者は先生の眼からは三文の価値もないらしいが、不思議に現土宜法竜猊下《げいか》だけには非常の敬意を払っている。猊下を褒めたことも一度や二度ではない。しかし何処でどうして知己となったものか知らなかった。

やがて管長も座につかれる。先生はきわめて誠意のこもった挨拶をする。先生「昨日は大分採集して来たので、これが記載にかかると、また御目にかかれぬから、御暇乞いに参りました。これが今生の御別れになるかも知れませぬ。御多忙中よく会って下さった」とすこぶる慇懃《いんぎん》な態度。猊下「まあそんなことを言わないで。よくいらして下さった。このほど田辺へ行った時にも面会したかったが、到頭会う機会がなかって残念であった」と、きわめて荘重な口調で。すると言下に、先生「もろともに月見んとして出でしかど、かならず人に逢はむものかは」と皮肉る。猊下が苦笑しておられる。（中略）

先生は便所へ行った。すると猊下は、「南方さんはよほど変りましたね。私は大分難儀もしましたが、南方さんの語学の達者なことは、恐らく日本人にあれくらいな人はなかろう。英国で案内して貰った時であった。ある時、馬丁と喧嘩をしました。……」。（中略）そこへ南方先生が便所から帰られて突然「これから宝物の拝観に行きます」と挨拶。猊下「それなら午後にまた御入り」と。小糠共は再び先に立って摺足、先生は二三間後に、摺足の音の高さ。(28)しおらしくもシャイな熊楠をみて、「南方さんはよほど変りましたね」といった土宜であったが、何時間もたたないうちに、ぜんぜん変わっていない熊楠の襲来をうけることになる。その日の午後のことであったと思われる。

管長は、書がうまいというので、画仙紙と扇子を持って来て居た。ところが川島草堂(田辺の独習の画家で、南方が画法を学んでいた飲み友達)という画家、あれはどうも悪いですわ。先生にいかがですかと二合瓶二本をさし出した。「うん、こいつは有り難い」と、先生大きなドンブリヘタブ〳〵とあけて一息にぐっと飲んでしまった。実にうまそうですわ。先生すっかりいい御機嫌になって酔っぱらっている。そして部屋か応接間かに通ったのですが、其処には管長と部長とか何かでせう二三人の僧が居られた。先生早速管長と話をはじめられたのですが、その時「ああ管長に何か書いて貰おう。あれを持って来たか」というので、扇子を出すと「よし、ではこれから貴人に物を頼む作法を教えてやろう」と、毛脛をぐっと放り出して足を伸ばし、指の先へ扇子をはさんで「さあ、管長これへ書け」——まったくもの凄い作法もあったものだ。管長はニコ〳〵笑いながら、それを見て何か話している。暫らくすると先生、何を思ったのか「ウンこの扇子には俺が書いてやろう」と「菩」という字を書いた。すると管長は「では俺が次を書こう」と「薩」という字を書いた。これで合作の「菩薩」の字が出来上がったわけです。その間も先生例によって凄い猥談《わいだん》をやっている。管長は真面目くさって相手になっている。(29)

一回目と二回目の、熊楠の豹変ぶりはドラマティックだ。最初の訪問のまえにも、三、四本の銚子をあけているので、このばあいは、飲酒だけで変貌したのではない。熊楠の人格が旋回していたのだが、それには、理由があった。熊楠の不安定な情緒に重い負荷がかかっていたのだ。じつは、その夜、熊楠は、不承不承ながら、高野山で講演することを約束させられていたのだった。それにたいする不安を伏線とする旋回であったと考えてよいだろう。不特定多数の大衆にむかって、演説をするようなことを、かれはたいへん苦手としていた(30)。

だから、この日の夕方の高野山大師教会堂での公開講演は、

大正九年、高野山に菌採集に登った時、しぶしぶ講演を承知したが、定刻になっても会場の大師堂教会に現われず、さがすと小さな居酒屋で飲んでいた。結局、壇上で突然泣き出したり、「恒河のほとりに住まいして(チンチン――口三味線)沙羅双樹の下で涅槃する」と二上りの調子で歌い出したりする始末だった(31)

ということになるのである。

似たようなことがもう一度あった。大学予備門の同級生であった芳賀矢一が学長をしている国学院大学から、学生・職員に講演することを、中山太郎を仲介として依頼された。十五、六人の集まりなら話をするという約束で、熊楠はめずらしくも引き受けたのだが、いきなり大講堂へひっぱりだされた。

サア先生すっかりツムジを曲げてしまって、酒を持って来いという。酒を持って行くと、こいつをガブ〳〵と飲んで何も言わん。しまいに何か呂律の廻らぬ事を一言二言いって、さっさと

壇を降りてしまった[32]。

一書によると、このとき、困惑した熊楠は百面相を演じたのだという[33]。しかし、かれの日記・書簡などを見ると、なかなかの芸達者ではあったようだが、かれが百面相を得意とした記述は見あたらない。土宜あて書簡では、

某《それがし》ははなはだ、他人に異なる性質気象のものにて、一向世に容れられず。それも馬鹿にもあらざれば、なにか落語、吹弾《すいだん》、舞踊、どど一、かっぽれなど、得意の芸をもなし[34]

と、得意の芸などないと言っているのだが、ここに並べた諸芸や「大津絵」などの珍芸は、酒席でしばしばご披露におよんでいるのが『日記』から知られている。

しかし、壇上で呂律《ろれつ》のまわらないことをいって、百面相を演じたというのは、歪顔発作か眼瞼痙攣のようなものが顔面にあらわれたのが、素人目には百面相を演じているように見えたのではないか。「突然、今までの行動を中断して、空《くう》を見つめ、口をくちゃくちゃさせたり、衣服をまさぐるような意味のない行動をとった後に、はっと我にかえる[35]」発作にちかい。泥酔の翌日、掻巻をひっかぶって柳田に応対したのも、あるいは、このような発作をおそれてのうえのことだったのかもしれない。

小学生相手の講話の約束でさえ、すっぽかしてしまうのである[36]。それほど、不特定多数の人々を対象とした話をきらったのだ。かれは、理路整然とじぶんの意見を述べて、相手を説得するということにはまったく自信がなかった。

ただ、気心のしれた友人朋輩の集会とか、じゅうぶんに準備された演説では、能弁のうえ、話題豊富であり、ユーモアにもとみ、なかなか聞かせるものがあったようだ。たとえば、裁判所での意見陳述も、堂々として傍聴者が聞きほれていたということになっているのだが、「談まさに佳境に入らんとして、先生の眼光いよいよ爛たり。便々たる腹中鬱勃の気焰、明快流るるがごとき雄弁と相俟って、蕭条たる秋の田舎の法廷、時ならぬ花を咲かせんとする時、突如として裁判長は声を掛け(37)」て終了したという一幕もあった。

温容の人熊楠

ところで、熊楠の酒は、いままでに見てきたような、悲喜劇的な曇りの酒ばかりではなかった。一方では、陽光のさす晴の日の愉快な酒もおおかったのだ。

初対面の河東碧梧桐は、晴の日の熊楠の歓待をうけた一人だ。毛利柴庵に案内されたのが、熊楠の警戒をといた一因ででもあったのだろう。その日は、熊楠はご機嫌であった。柴庵、碧梧桐あいてに、ビールを二、三本あけながら、まず、古墳からでたという「涙壺」なるあやしげなもので碧梧桐を煙にまき、大いに弁じたあと、つぎのような好意を碧梧桐に見せる。

先生はまア二、三日遊んで行き給え、と頭から押しつけるようにいう。そうして宿に泊っておるのも何なら、と書斎のぐるりを見廻しながら、ここに来て寝るとイイ、ナアに十日や十五日寝たって、困る僕じゃない、とは普通なら痛み入った御挨拶というところであるが、誠意の籠った勧誘は無下にも排斥しかねて躊躇しておると、きょうは幸い天気もよし、ここの鹿島で彎《わん》珠《じゅ》という奇草を採収する予定であった。折角だから同行しようという詞には我輩の心が動いた。（中略）最初の二本は疾くに尽きて今四本目にかかったところだ。我輩は先生の興に乗じて今に一ダースくらいの空瓶を林立せしむる光景を予想して、柴庵氏と目で物を言っておると、先生はミシ〳〵椽側を踏んで庭に下りた。そうして蘇鉄のかげでジャアジャアと小便する。書斎の前に垂れ流し、というのも到底名人筋でなければ出来る業ではない。我等の主義とする直情径行ということも、先生の直情径行に比すれば、遥かに人工的だ女性的だというようなことが念頭に浮かぶ。話題は再転して淫猥なことにも及んだ。（中略）淫猥な話から出発して、不朽の真理に到達する、そこに先生のエライところがある、と今更のように敬服する。ロンドン滞留中、大使館が先生を厄介がった話、七人まで人を斬った話、何処へ往っても『水滸伝』を持って往って読むという話、ロンドンで人を斬ったのも『水滸伝』の感化だと言う話、話の絶えぬのに比例してビールの空瓶は次第に数を増して来る(38)

という調子であった。熊楠はいい気になって、七人も人を斬ったなどと、てきとうに害のない法螺もふき、碧梧桐はなかばあきれ、なかば感心して相づちを打つ。おおかた熊楠は、ご機嫌のときにでる「竜動《ロンドン》水滸伝(39)」でもやったのだろう。ほほえましい主客のやりとりが見られるのだが、碧梧桐も柴庵も下戸だったのか、お客さんがたがビールのお相伴にあずかった様子がないのが、またおもしろい。

明治三十四年十二月十七日の『日記』には、

朝波荒ること止む。予朝よりのみつゞける。

午後岡田九兵衛藻及小烏賊一種甚奇麗なるものもち来る。酒のませやる。大酔、安勢丸水手の見る前にて唄ひ踊り又茶番落語等、一同大に呆れ喜ぶ。(40)

朝から飲みつづけて、一同があきれ見るなかに、上機嫌で珍芸を披露し、おどけてみせる熊楠がいた。

とくに、相手が気のおけない友人や、じぶんの門弟や子分たちのようないわゆる身内であれば、もっとやさしい貌《かお》を見せる。民俗学での友人宮武省三は、

おあひするまでは、どんなにむつかしい先生かと思ふてゐたが、なんの〳〵肩の張らない、なつかしみのある大人であつた。単一観念狂で、専門外のことはなんにも知らない、また知ることを欲しない者の多いわが国で、先生のごときは実に尊ぶべき偉大な善知識であると景仰の念を高めた(41)

と初対面での印象を語っている。また、南方に師事した雑賀貞次郎も、「終始変らず御指導下され、いろ〳〵書物を下さったり、貸して下さった。この正直な、義理堅い、童心な、何のかけ引きもない先生を変人というのはおかしいと思ったほどである(42)」と回想している。

那智山などによく随行した岩津次郎吉などは、

先生は大変おとなしい方で、大きな声で話されることもなく、いつも可愛がってもらった。自然話しやすい先生で、聞いたことはすぐ教えてくれる、日本外史を勉強せよと本までくれて教えてもらった。牛肉と麦酒の荷もちでよく那智山にお伴した。一の滝から四十八滝まで登って、いろんなものを見せてもらい、いろんなことを教わった。先生は珍しいものを見つけると心ゆくまで観察し、その場でスケッチした。なれた手つきで絵は上手だった。昼時には牛肉で腹いっぱい食べよと勧めてくれながら、先生は麦酒を飲んで上機嫌だった(43)

と証言している。南方家に奉公していた野田つるゑも、

先生は若いとき苦労されていたこともあったのでしょうか、ちょっとした贈り物などがあると「およしにもやれよ」といつも奥様にもおっしゃって下さり、人間のええ方でした(44)

と回想している。

熊楠は「日頃から漁夫・職人・百姓らの無学・無教養であっても邪気のない庶民を自分の『子分』とよんで愛していた(45)」のであり、それは、世の学者、博士、学士などを口汚くののしるのと好対照であった。また、書簡家であった南方の有名人あての書簡は、全集などに収載されているが、「熊楠の書簡の発信の多くは学問的には無名の人々が大部分を占めていた(46)」という中瀬喜陽の指摘からも、南方のこの性向を読みとることができよう。

こういう熊楠をみるとき、われわれはここでも、小林秀雄のゴッホを想起してしまう。

テオは許嫁のヨハンナに宛てた手紙のなかで、「兄貴が一緒に静かにやつてゆける友は、自然

か単純な心の人達だけだ」と言つてゐる。ボリナージュでは炭坑夫、ハーグでは売笑婦、パリではタンギイ爺さん、アル、では、郵便配達夫のルーランであつた。(47)

第六章　白い小鳥のシニフィアン

夢中夢を説くの痴人

夢や幻《まぼろし》は、熊楠の一生のテーマであったように見える。夢幻への妄執は、一生をとおして、死ぬまでかれにつきまとって離れることがなかった。

最晩年にあっても、

　右の長姉が泣いて説く状、さて右の男捕われてのち小生の実母が父に打たれし状を活動写真のごとく今も眼前に見る[1]

と、六十七年もまえの事件の光景が、まるで活動写真で見るように、眼前に展開するのだと述懐している。そのころ、この幻覚シーンはくりかえしてあらわれた。まさしくこれは、夢様状態[2] dreamy state とよばれる病的体験のさいに見られるパノラマ様記憶、フラッシュ・バック現象そのものではなかったのか。

類似体験は、既視錯覚《デジャ・ヴュ》としてもしばしば熊楠をおそった。だから、吉田兼好の既視錯覚体験を紹介して、つぎのように述べる。

これはプロムネシア（promnesia 前知謬）と申し、今始めて知ることを以前から知っておったことと間違える一種の謬病なり。小生などには多し。(3)

このような性癖は、四歳のときに起こったといわれる脾疳《ひかん》の疾(4)から、予備門落第直後に脳漿に疾を感じたのを経て、死ぬまでつづいた一連の悩みと同調していたのではなかったのか。

夢はかれの思想のなかにまで喰いいっていた。

天地は夢国なり、古今は夢影なり、栄辱は夢事なり、衆生は夢魂なり。うれしと言うた夕暮も、かなしと聞きし鐘の音も、ほんの夢の場のちょんの間ぞかし。荘子いわく、夢に酒を得る者は醒めて後哭す、と。野尻猫堂いわく、夢に別嬪を見ると寤《さ》めてのち、おかしな気もちがするですなー、と。いずくんぞ知らん、現《うつつ》と思うて哭するも、おかしな心地がすると思うも、また一場の夢に過ぎざるを。しかして今、熊公かかる夢の国におりて、夢影を尋ね、夢事を夢魂に訴えて止まず。昔時、夢の場のちょんの間の楽しみを思い寝のあまり、夢よりはかなき夢中の人に遇い、いきそうなところで寤めたりとて、さらにその夢たりしを恨む。熊公は、これ夢中夢を説くの痴人、夢のような人物なるかな。(5)

おのれの実存における夢幻の大きさを、東洋思想的ニヒリズムのなかに、それとなく表白している一文である。熊楠好みの尻とり文体ならぬ、頭とりの「夢づくし」である。

ペシミズムに彩られた夢のディスクールは、熊楠のほんものの夢のなかでも語られる。熊楠は、夢のなか、無意識の深みのさなかで、夢についての和歌をよむというのである。

　萎え果る花よりもなほはかなきは消て跡なき春の夜の夢[6]

夢のなかでうたう夢の歌も、うつつに語る夢の言説も、ペシミズムに傾斜する構造をもつ熊楠の阿頼耶識の底からおくりだされるものであった。

ついでに、熊楠の和歌や俳句について述べておこう。この面では、かれはお世辞にも才能があったとはいえない。はっきりいって稚拙である。狂歌や川柳、都々逸《どどいつ》のほうに読ませるものがおおい。たぶん、かれらしい情動の過剰が、世間なみの推敲過程《エラボレーション》を阻んだものと思われる。情動がありあまっているためにかえって、芸術的心理過程の洗練を阻害するのである。栂尾高山寺《とがのおこうざんじ》の明恵上人もまた、夢幻様人生をおくり、情動がなまのまま表現される、感動的ではあるが、芸術美からはやや遠い和歌で知られている。ちなみに、熊楠のあの浩瀚な『日記』のなかの夢の記事のスタイルは、明恵の「夢の記」の影響をうけているようにも読める。

いずれにしても、かれは、じつにおおくの夢をみた。かれの夢は現実感にみちあふれるものであったので、かれは常にじぶんのみた夢について考え、書簡に書き、日記につけるのを忘れなかった。記録を主とした、どちらかといえば、単調な熊楠の『日記』のなかで、夢の記事だけが生彩をはなっている。[7]

いくつか、熊楠がじっさいに[8]見た夢の種々相を再録してみよう。

かれは、寝言で議論したり、自分の寝言で目が醒めたりする。[9]かれの夢では、夢とうつつの境界がはっきりとしなくなることは、しばしばであったようだ。その一つの例。

此夜予ひとり臥《が》し居る夢に、岡田満?来るを、豪猪に化し（昨夜大英類典豪猪の条読り）新座敷の椽下に隠んとするに、いかにして開くべきかを不知、問《とわ》んと妻を呼ぶこと七八度にして、妻によびおこさる。次に又茶をくれといふこと七八声にして、下女ほんとで有うかと妻にとふをきゝ、大に怒る。扨《さて》茶もち来れば、手にとり飲ねど飲だ心地するなり。ヒキ六（熊弥のこと――近藤）及文枝大におそれ居る。(10)

岡田某がやまあらしとなって、縁のしたにもぐりこんだ夢のなかで、妻をなんどもよぶ。ここまでは、夢である。その声でおきた妻が熊楠をおこす。こんどはお茶をいれてくれという。この部分では、夢からまだ完全に醒めていないかのようである。下女がいぶかるのを、夢うつつにきいて、激怒する。家人がそれをおそれるのをちゃんと観察しているので、ここでは夢から醒めてはいる。しかし、ほんとうにお茶が飲みたかったわけではなかったのだ。夢のなかでお茶がほしかっただけである。下女がお茶をもってくれば、それで気がすんで、また寝いってしまう。

もう一つの例。この場合は、おなじ夢をつづけて四回も見ている。

夢に馬車に人のりゆく。目さめ気付き、忽ち其方を見るに、又馬車行く。なお眼を開けばアーチ如きもの見え、それよりグレートの上に書つみし所と変ず。又ねむりて眼を開くも、変化の順序如右。四度に至りつづかず。(11)

夢から醒めても、夢とおなじ光景がうつつにあらわれ、それが、アーチや書庫のようなものに変貌する。また眠るとおなじ夢があらわれ、醒めると、ふたたび馬車もアーチも書庫もあらわれる。それが、四度もつづく。醒めてもつづく夢。それは、ドストエフスキーの「なまなましい[12]」夢を想起させる。

つぎの証言も、夢とうつつの交錯である。

先生は御臨終の二、三日前、眠りより覚めて令嬢文枝さんに、今夢の中で常楠とチャンバラ（是れは先生の生マの声）をやって顔を切られたが、血が流れてないか、とお聞きになったとの事であった[13]。

この夢のなかで、かれは弟常楠に斬られるのだが、目がさめても、血がでていないかと心配する。かれの夢のもう一つの特徴として、被害的・恐怖的表象にみちみちていたことがあげられる。『日記 4』一巻をちょっと繰っただけでも、「予おそはれる[14]」とか、「妻に頸くゝりひかるゝと夢に喚ぶ[15]」とか、「斬《きら》るゝ夢みる[16]」というように、まがまがしい夢の表象にこと欠かない。夢のなかの襲撃にたいして抗争してあわや大事にいたらんとすることもあったのは、つぎに見るところである。これらの悪夢もまた、周期的にあらわれたようであった。

夢中遊行《ソムナンブリズム》

かれは、白日下に幻像を見ていた。「小生は顕微鏡のみでは何様《なにさま》眼上に幻相を生じ[17]」という質《たち》であった。その白日の幻相を幽霊ともよんだ。

睡裏ならぬ醒覚中に見《あら》わるる幽霊などは、見る人の顔面の位置方向の如何《いかん》を問わず、ただただ地面また畳面を舞台として見わるるという一事(18)

は大発見だと自賛している。

その一方では、夢のなかでも行動していた。ときとして夢中に遊行することもあったのだ。那智山にこもった南方は、明治三十六年七月二十二日の『日記』に、

終日在寓、午後仮寐す。ソンナンビュール如き症をおこす(19)

と記している。このときに、飲酒していたかどうかは、不明である。

その二年後の三月、大酔酩酊して、眠りこみばなのことである。殺される夢にうなされて起きあがり、おっとり刀で、庭にとびおり、相手を斬ろうとするのだが、あわやのときに気がついて、無事にすんだという経験を述べている。明治三十八年三月十八日の『日記』を見てみよう。

昼さがりから、飲み友達とさんざん飲んだあげく、宿帳に陰茎を画くようないたずらをして、さらに飲みなおし、熊楠は広畠喜之助の家で寝こんでしまう。その枕元では、かれの取り巻きの川島友吉(草堂)と戸田三綱がなにやら話しこんでいる。登場人物は田所秀穂はじめ、みな飲み友達や南方のいう子分どもである。

予は広畠喜之助氏方に臥す。此内川島、戸田氏と来り予のそばに話す。予之を田所秀穂氏多人数つれ来り予を殺んとすると夢み、闇の中に刀を持ち(三尺余)隣家の庭に忍び、又四季屋(角

力取多くのみあり）に入んとせしが止め、ひそかに広畠岩吉氏方後庭より忍び入り、相手を切んとするとき、店の灯光に気付ば、川島、戸田（画字をガラスにかきあり）及岩吉氏あり、刀を閣中柱にさやのまゝ立かけたるが好く気付、正気に復す。喜之助氏帰り入り来り刀持ち去る。喜之助氏に宿す。[20]

川島は画家、戸田は書家であったので、一酔の余興としてなにやら、絵や字を障子ガラスにでも書いていたのであろう。夢のなかで、熊楠を殺そうとした田所も仲のよい飲み友達である。料亭で酔いつぶれて寝込んでいた熊楠は、夢のなかで殺されると感じて起きあがり、刀をもって隣家の庭に身をかくす。暗い庭にしばらくひそんでいたあとで、明るい料亭（広畠喜之助は料亭「二上り亭」をいとなんでいた）の灯火にさらされたために、運よく覚醒したと思われる。夢から覚醒したあと、この夜の行動をおぼえていたらしいことから、これを夢遊病と断定はできないが、夢中遊行類似の病的体験とはいえるであろう。もっとも、ちょっと大酔すると、その前後のことがわからなくなる熊楠のことであるので、この夜のことは、事件のあとで関係者から事情をきいて再構成した可能性も否定できない。というのは、この前後の『日記』は、あとになって（明治三十八年四月七日）、「勘定書、受取等に引合わせ、記憶のまゝ追記[21]」されたものであったのだから。いずれにしても、熊楠の酒狂的カーニバルの日々のもたらした異常体験であった。

この『日記』の記事は、「目を醒ましかけている人間は、不安な夢の表象を更にその先まで考え出して、非常な危険に陥っていると思い、周章狼狽に陥って時として非常に危険な行為を犯し、ことに一緒に寝ている仲間を襲撃することがある」(22)というエミール・クレペリンの夢中遊行症の解説を想起させずにはおかない。

似たようなことが、最終的には、もっと悲劇的なかたちをとって、ゴッホとゴーギャンの間に起こったことはよく知られている。小林秀雄の『ゴッホの手紙』に、その顚末を見てみよう。その内容は、「ゴーガンの手記」からの引用である。

アル、滞在の終り頃になると、ゴッホはひどく粗暴になり、騒がしくなり、かと思ふと急に黙り込んで了《しま》ふといふ風になつた。こんな事は一晩だけではなかつたが、夜中にゴッホが目を覚まし、私の寝台《しんだい》に近寄つて来るのに気づいてハッとした。

どうしてさういふ時、私も目を覚ますのか解らない。

「ヴァンサン、どうしたと言ふのだ」落着いて静かにさう言つてやると、いつも彼は黙つて寝台に戻り、ぐつすり寝込んで了ふ。(23)

D・スイートマンは、ゴーギャンがゴッホを残してアルルを発つことをゴッホは恐れていたので、まだゴーギャンがそこにいるかどうかを確かめに、夜中に見にきたのだとしている。(24)だが、何日かしてゴッホはゴーギャンを襲っているのだ。ゴッホの被害的念慮が、夜中の異常行動の底にあった可能性は否定できない。

ゴッホの情動が、危険なサインを見せはじめて、幾旬かたったある日、向日葵《ひまわり》を画くゴッホの肖像画が新しい危機の芽となる。

大好きな向日葵の静物を描いてゐる彼の肖像を描いてみようと思ひ付いた事がある。肖像が出来上ると、彼は言つた、「確かに僕だ、だが発狂した僕だ」

その晩、二人はキャフェに出掛けた。彼はアブサントを少々飲んだ。

突然、彼はアブサントのはいつたコップを私の頭を目がけて叩きつけた。私は身を交し、彼の身体を抱きすくめ、キャフェを出て、ビクトル・ユーゴー広場を横切つた。数分後には、ヴァンサンは寝台に寝かしつけられてゐたが、直ぐ熟睡して、朝まで起きなかつた。

起きて来ると、物静かな声で、彼はかう言つた。

「ねえ、ゴーガン、ぼんやりした記憶しかないのだが、昨夜は失敬して了つた(25)」。

「ぼんやりした記憶しかない」とゴッホが言うとき、暴行の記憶とその前後の行動が靄《もや》のうちにかすんでしまう意識の変容状態にあるのだ。それは、「室内烟を以て満されたる如く覚え、医者を招き候(26)」と述懐する熊楠の病的状況と共通するものがあったのではなかったか。

「確かに僕だ、だが発狂した僕だ」と感じたゴッホがその絵からゴーギャンのある種の敵意をよみとって傷を深くしたのだ、という見解(27)もあるのだが、小林はあえて意見をさしひかえている。ただ、ここに引用したゴーギャンの手記を訳出しているだけである。小林はたぶん、合理的だが単純な解釈をえらぶには、ゴッホの精神病理は複雑すぎると考えたのではなかったのか。

そしてついに、破局がおとずれる。

何といふ悪日であつたか。

夕方になり、簡単に食事をすますと、花盛りの月桂樹の香りを一人で吸ひ込みに出掛け度い気持ちになつた。ヴィクトル・ユーゴー広場を殆ど通り抜けた時、私のよく承知してゐる、あの小刻みな、慌しい足音を、背後に聞いた。振り向く途端に、ヴァンサンは、剃刀を開いて、私に躍りかゝつた。この時、私は余程恐い眼で睨んだらしく、彼は立止まり、頭を下げて、家の方向に走つて還つて行つた。(28)

ところで、夢と現実が交錯する熊楠を考えるとき、われわれは、かれの「睡眠中に霊魂抜け出づとの迷信」の一文を思いだす。この論文では、自己像幻視的な幻覚体験が語られている。

七年前厳冬に、予、那智山に孤居し、空腹で臥したるに、終夜自分の頭抜け出で家の横側なる牛部屋の辺を飛び廻り、ありありと闇夜中にその状況をくわしく視る。みずからその精神変態にあるを知るといえども、繰り返し繰り返しかくのごとくなるを禁じえざりし。(29)

たしかに、そのちょうど七年前の『日記』には、つぎのような記述がある。厳冬ではなかったけれど、明治三十七年四月二十五日のくだりである。

夜大風雨、予、灯を消して後魂遊す。此前もありしが、壁を透らず、ふすま、障子等開き得る所を通る故に迂廻なり。枕本のふすまのあなた辺迄引返し逡巡中、急に自分の頭と覚《おぼし》き所へひき入る。恰《あたか》も *vorticella* が螺旋状に延し後急に驚きひき縮る如し。飛頭蛮のこと多少かゝることより出しならん。(30)

これは自己像幻視体験の一種とみてよく、熊楠は夢をみているわけではないが、自分でも、異常な精神状態であることを認識しているのだ。

ソムナンブリズム様体験といい自己像幻視といい、南方の夢幻体験は華麗で豊富であった。自己像の解体は、二重・三重分解体験へと発展する。

又脳が異様の組織と見え、ハッシユ（大麻）を用うる人の如く箇人分解（一人で居ながら二人にも三人にもなるなり）をなし申し候。[31]

これらの非日常的体験にうながされて、南方はかれのいう大乗仏教的世界観にのっとり、自分の神秘哲学をいろいろと構想する。明治三十七年、土宜あてにその梗概を書きおくっている。ここで、熊楠はすこし吹きすぎているのだが、じぶんを真言密教の第三祖である竜猛（竜樹ナーガールジュナ）に比定していて、このときの気分の昂揚ぶりをうかがわせる。それが、かれ一流の自己誇大的言説の一つであるとしても、内容にはおおいに興味をそそられるものがある。

（一）箇人心は単一にあらず、複心なり。すなわち一人の心は一にあらずして、数心が集まりたるものなり。この数心常にかわりゆく、またかわりながら以前の心の項要を印し留めゆく（このことは予実見せしことなり）。（二）しかるに、複心なる以上はその数心みな死後に留まらず。しかしながら、またみな一時に滅せず、多少はのこる（予は永留の部分ありと信ず）。（三）右を実証す。（四）天才（genius《ジエニアス》）のこと。坐禅などはこの天才を涵養する法なり。しかるに、なにか大胆になるとか不平をしのぐとか心得は残念なり。不意に妙想出で、また夢に霊魂等のことあり。これ今日活動する上層の心機の下に、潜思陰慮する自心不覚識（アラヤ）の妙見をいう。(中略)(五)静的神通(遠きことを見る、聞く等なり)。(六)幽霊。(七)動的神通(遠きことを手でかきまねで示す等なり。南方金粟如来の秘密事なり)。(八)入定。(九)実用。(十)教用。(十一)真言宗向来の意見。

ご承知のごとく人間の識にて分かる、また想像の及ぶ宇宙は大日に比してほんの粟一粒に候あいだ、それは無用の穿鑿《せんさく》と致し候。まず、この人間の識、理想が中《あた》らぬながら遠からぬほど及ぼすべき宇宙中の曼陀羅を、右の実功とともに、心相、名印相の大要とともに説かんとするなり。事相のことも書籍はすでに受け取り、只今しらべ中に候。これはすこぶるむつかしく、高等数学を知らねばちょっと説きがたし。物相のことは標品を持ちて説くべきに候。(いずれもこの宇宙のみのことと知れ(32)。)

もし、この予告の大論考が完成していたならば、南方畢生《ひっせい》の神秘哲学の労作として、または、真言密教の現代的再構築をなしとげた、弘法大師空海の生まれかわりとして、わが国の宗教、哲学の歴史に、不朽の名を残したのかもしれなかった、と想像するとき、南方ファンとしてはたいへん愉快である。このとき、かれは三十八歳であったので、七十五歳で死亡するまで、十分すぎるほどに時間はあった。だが、かれはこれを完成することができなかった。かえすがえすも残念なことであるけれど、着想を理論化して、体系に育てあげる能力に欠けていたという批判に屈せざるをえない。ひと言でいってしまえば、神事並《ゴットノメンクラツール》(33)べでおわってしまった。

それはともかく、自己像幻視者であり、幻覚経験の豊富な南方は、人の心は数個の心から成っていて、おたがいが独立して行動するが、連携はしている、これは、じぶんの実体験から言っているのだ、と強調する。死ぬときには、心も消滅するが、一部は永遠にとどまるだろうとしているのは、かれの因果論的世界観からは当然であったろう。

シニフィアンとしての幽霊

かれの夢幻の世界は、この世とあの世をむすぶ架け橋のようなものであった。ドストエフスキーの小説の主人公たちのように、夢は「異界との触れ合い(34)」の触媒であった。ロンドンから帰国のあと一年半ほどして、かれは、那智の山中にこもって、おおまじめであれこれと、幽霊と幻のあらわれかたの違いについて考える。

熊楠の幽霊や幻は、幻覚であることが多かった。

心因論あるいは精神分析的な立場に立てば、「幻覚は意味をもつ、いいかえれば『意味するもの《シニフィアン》』"signifiant"である(35)」。

とすれば、夢だけでなく幻覚の分析にも、F・ド・ソシュールが定礎したことばの意味作用の構造的定式を出発点とする言語・記号学の方法論が有用であろうし、それは、じじつ精神分析をもまきこんで発展した。この流れに立つとき、「意味するもの」は、単になにごとかを意味するものではなく、言語学的に重要で基本的な概念として理解されることとなる。幻覚のばあいは、特定の心的活動（たとえば、法悦の悦びでもよい）や特異的な情動のゆらぎがもたらす精神状態（たとえば、失恋の苦しみでもよい）と、一対一に対応する心的表象、このばあいは幻覚像《イマージュ》が〈意味するもの能記《シニフィアン》S〉であり、対応する心的活動や情動のゆらぎのほうが〈意味されるもの所記《シニフィエ》s〉となる。また、能記と所記の組みあわせを記号《シーニュ》s/Sとよぶ[36]、という基本的な構造を頭にいれておこう。

熊楠にとっての幽霊とは、死んだ親兄弟とか、俎豆《そどー》[37]（俎豆はソドミーからの熊楠の造語?、男色のこと）の対象であった少年とかの、かれの阿頼耶識のなかで特殊な意味をもたされた、シニフィアンとしての幻像の表出であり、いっぽう、かれのいう幻はそのような特殊な意味づけのないおおむね中立的な存在にすぎなかった。

> かくて小生那智山にあり、さびしき限りの生活をなし、昼は動植物を観察し図記して、夜は心理学を研究す。さびしき限りの処ゆえいろいろの精神変態を自分に生ずるゆえ、自然、変態心理の研究に立ち入れり。幽霊と幻《まぼろし》（うつつ）の区別を識《し》りしごとき、このときのことなり。
> 幽霊が現わるるときは、見るものの身体の位置の如何《いかん》に関せず、地平に垂直にあらわれ申し候。しかるに、うつつは見るものの顔面に並行してあらわれ候[38]。（傍点近藤）

山中でひとり、淋しいかぎりの生活をすれば、孤立性幻覚に陥りやすいところに、深夜にいたれば、そのうえに感覚遮断がくわわるので、健康な人間でも幻覚出現準備状態におちいる。

だから、那智山中で南方はさまざまな夢幻体験をする。かれにとってシニフィアンである幽霊たちは、強烈な実体的意識性[39]をもち、現存感情[40]あふれる特別な意味文節体であるので、熊楠からは独立していて、いつも直立して異界からあらわれ、あたかも生きているかのような臨場感をかれの表在意識に投射する。それは、精神変態に属するものだと思いながらも、そのリアルな存在感に熊楠は圧倒される。それにたいして、幻は、シニフィアンとしての意味をもたない単なる存在文節体として現出するので、それはあくまでも熊楠の潜在意識のなかでは中立的《イノセント》であり、実体的意識性にとぼしい。したがって、かれの顔面に並行してしかあらわれない。

では、熊楠における幽霊たちの所記《シニフィエ》はどのような内容なのか。われわれは、以下にさまざまなシニフィエを読みとることとなる。

熊楠自身も、

> 不意に妙想出で、また夢に霊魂等のことあり。これ今日活動する上層の心機の下に、潜思陰慮する自心不覚識(アラヤ)の妙見[41]

について考えていた。それは、ときに意識の表層にあらわれて、かれを当惑させたり、また一方では陶酔させたりもする。

極寒に花咲く梅林

> さる昭和三年十二月三十一日夜、予、日高郡妹尾にあって、大雨中に十八町ばかり山中を歩むうち、深谷に臨んだ道側の雑木が、たちまちことごとく満開せる梅林と化け、一天微雲だにな

く月さえ渡った。しばらく歩を駐めて観れば、依然として大雨中にあり。歩み出すとまた月夜の梅林が現じた。（中略）深山に住んで精神異変を起こし、こんな目に幾度も逢った。[42]（傍点近藤）

至福と絶望が交錯する、なんという詩的でまた劇的な幻視だろう。突如としてあらわれたかと思うと、卒然として消褪する、一天に微雲とてもない月光のもとに展開する満開の梅林、馥郁《ふくいく》たる香りにつつまれた花園。アウラから覚めてみれば、沛然《はいぜん》と氷雨のふりしきる、深い渓谷の師走の夜の闇。

その年の五月、「ひき六」とよんで愛情をおしみなくそそいできた、一人息子熊弥の精神病が、ついに絶望的な破局をむかえた。三年をこえる永い在宅治療の悪戦苦闘のすえに疲労困憊におちいった熊楠一家は、けっきょく、熊弥を京都の岩倉病院に入院させるはめになる。熊弥の回復する希望をついに捨てなければならなくなった苦悩。

長病にて介抱人もために大いに年をとり歯抜け髪白くなり、拙妻またヒステリーに罹り、困りおり候

という状態で、ついに、じぶんも「脳悪く半臥の体に有之[43]」と熊楠の悲鳴が聞こえてくるようなありさまだった。熊弥を、もういちど、なんとか立ち直らせたい、という熊楠夫婦の懸命で、悲惨な努力のありさまは上松蓊《しげる》あての書簡[44]にくわしく述べられている。

いったい、熊弥の病気とは何だったのか。大正十四年三月、高知高等学校受験のため高知に行っているときに発病したとされている。どのような症状で発病したのかは、皆目わからない。しか

し、安部辨雄が「心のつかえ」のなかで、つぎのように述べているのが、重要な手がかりになるだろう。

花の頃でもあり、姉の案内で祖母と熊弥君とを連れて散歩かたがた出かけた。門を入って桜並木を通り五十メートル程も行くと稲荷大明神の祠があり、拝んでいるときに異変が起った。突然熊弥君が失神状態となり、よろめいたので姉と祖母とで抱き支え途方にくれたらしいが、しばらくして正気に立ち戻った熊弥君は両手の指を順番に折り曲げたり伸したり、数を算える仕草を始め、意味のわからぬ言葉をつぶやきはじめたので、さあ大変ということで慌てふためいて家に連れ帰り臥床させる騒ぎとなった。(45)

この記述だけから判断すれば、痙攣はなかったようだが、意識を失ったあと、自動症をともなう朦朧状態に入っている。やはり、精神運動発作のようなてんかん性疾患であったと見るのが正しいであろう。

さきの上松あて書簡によると、熊弥はたびたび発作におそわれている。発作のときには「寒天に海浜または山腹を疾走」したり、「夜分安眠せず、雪中を犯して家、庭、畑等を走りまわり、また高歌放吟すること」があった。「小生年来集めたる熊野の昆虫をことごとく破棄」したり、「多年の粘菌の写生調査稿を十の八まで引き裂き」という錯乱の果ての、入院の決断であった。熊楠は、しかし、じぶんの思慮の浅い行動からこんなことになったのだと、つぎのように、おのれを責める。

（熊弥が——近藤）昨年秋初まではたびたびこの室へ粘菌など見たしと申し込みに来たりしも、小生は『随筆』売れ行き少なしとの報に大いに心配し、その方にのみ取りかかりしゆえ、そんなものを拙児に見せ示す暇なく、終《つい》には粘菌目録破棄の罪をせめてこの室に来ることを厳禁せしより、小生に見離されたるものと確信して断念せしにや、それより一切小生に言《ものい》わず、また今年初めごろまではなお小生食事のため台所に行くごとに側に佇立し何か言いたき様なりしも、(中略)拙児と何の言語もなさざりし。それより拙児唖のごとくなり飲食を絶ち、近ごろは裸体で臥しおるのみ、浴場の外は臥してばかりおり候。実にあわれなことにて、小生は拙児へ申しわけのため養嗣など致さず。(46)

熊弥は、このとき医師から、早発性痴呆と診断されていたようだ。(47)これは、いまでいう精神分裂病である。脳波検査のなかった時代、てんかん性精神病が、分裂病やヒステリー性精神障害と診断されることはよくあった。そのよい例が、ゴッホである。カール・ヤスパースは、かなりの留保つきながら、ゴッホを精神分裂病とみなし、(48)ランゲ＝アイヒバウムは「多分分裂病とてんかんだった」としたのはよく知られている。(49)

子供の不治の病と、それを取りかえしのつかないまで悪化させたおのれの態度にたいする呵責の念から、絶望の淵にたたされた還暦過ぎの老人が、(50)極寒の大晦日の夜の深山を歩む。

この年の十月から翌年の一月にかけて、南方は川又・妹尾官有林で植物採集旅行をおこなうのだが、これこそ愛児の人格の崩壊というショックによっておのれが狂人にならないための、壮絶で、せっぱ詰まった逃避行動と見られるのではないか。南方の精神の内側では、宗教的な行としての採集旅行であったにちがいない。この夜の幻視体験は、かれのアラヤの妙見が、絶望的な家庭内不幸という外的環境にさらされて演出した精神の力動的変容の結果であった。熊弥をついに失った悲痛にくわえて、その原因の一端がじぶんにあったという自責の念にもとづく心的葛藤が、極寒の氷雨のなかに満開の梅林を幻視させたのだった。

熊楠のこの幻視には、もう一つの秘匿された意味があるのかもしれない。

「夢の顕在内容の要素の一つひとつは、夢の潜在内容の中にあっては多面的に、重層的にその代弁者を持っている」[51]とジーグムント・フロイトは述べる。幻覚にも意味《シニフィアン》がある、とすれば、フロイト流のアプローチもすてたものではあるまい。われわれは、顕在するシニフィアンである〈月夜の梅林S〉に対応する代弁者（潜在するシニフィアン）を、熊楠の阿頼耶識のなかに、容易に探りあてることができる。

熊楠の心のなかには、〈梅の花と香S1〉が、〈若衆道の美学s1〉にたいするシニフィアンとして格納されていたのは、さきに中松あての書簡で見たところだ[52]。一方、〈若衆S1'〉というシニフィアンに隣接して、〈若い男S2〉というシニフィアンが〈熊弥s2〉を意味しながら存在していた。S1'とS2の連辞論的《サンタグマティク》な隣接性《コンテイギュイティ》[53]のゆえに、夢や、そしてたぶん幻覚においても、〈若い男S2〉のシニフィアンは容易に〈若衆S1'〉のシニフィアンに「置き換えられる」のであったが、その過程は、フロイトによる夢の「移動の作用[54]」のディスクールに見ることができる。その結果うまれる〈若衆としての熊弥S1'/s2〉という記号《シーニュ》も、とうぜん検閲されて意識下に秘匿されてしまう。この二つの抑圧された記号《シーニュ》、S1/s1とS1′/s2の範列論的《パラディグマティク》な類似性《シミラリティ》[55]によって、これらのシーニュは、フロイトの夢分析の言葉をかりれば、重層的に「圧縮」[56]されて意識上に現前する。それが、幻視された〈月夜の梅林S〉の心像であったのだ。

「無意識はひとつのランガージュとして構造化されている」というジャック・ラカン一派のフロイト解釈[57]をさらに援用すれば、S2というシニフィアンが、隣接するシニフィアンS1′に置換される過程は、ランガージュを裁断する二つの軸の一つであるサンタグマティクなパロールの軸にそって展開される換喩《メトニミー》としての連辞論的「置換」操作であり、いっぽうS1とS1′というシニフィアンのそれぞれにSというシニフィアンが代入されて生起する、パラディグマティクなラングというもう一つの軸にそった隠喩《メタファー》過程としての意味論的「圧縮」操作と共同して、〈月夜の梅林〉の幻像をもたらしたのであった。

この解釈にしたがえば、熊楠は、咲きほこる梅の花々の一輪一輪に、ほかならぬ若衆熊弥の面影を求めていたということになる。熊楠は生得的に、美少年にはとても敏感であった。しかし、この欲動は、青春のごく一時期をのぞけば、一生を通じて抑圧され、秘匿されていた。かれの若衆道があくまでも「浄の男道」として喧伝されたのも、この成功した抑圧のゆえであった。

近親相姦的なニュアンスをおびた〈若衆としての熊弥〉という意識下の観念連鎖は、たしかに、われわれをとまどわせる。けれど、〈梅林幻視〉に見られるあと二つの顕在要素《シニフィアン》〈夜〉と〈月〉の表象もまた、意識下に追いやられた倒錯のリビドーを示唆こそすれ、それと対立するものではないだろう。

夜の愛は、秘匿された忍んだ愛であるはずで、それを祝福するものは、透明な陽光ではなく、もの悲しくもおぼろな月光である。梅林の月夜の幻像は、禁圧された悦楽の記憶が解きはなたれてうまれたものであり、つまり、成就された夢の願望であったのだ。われわれはこの幻視に、なま身の人間熊楠の、強烈な生へのもだえ、過ぎさった青春の欲動の追憶、失われた若く美しい熊弥への思慕などの渾然とした情念の沸騰を見る。

川又・妹尾官有林採集旅行について、のちに熊楠が岩田準一に書きおくっているのを見ても、(58)壮絶としか言いようのない植物採集・研究旅行であった。茶をいれて五分もすると凍って水と茶が分離する、写生するにも墨やインキや絵の具もたちまち凍りついてしまう極寒の営林署の山小屋での検鏡写生である。凍った筆先では針で石をつくような音がして書けないので、鉛筆だけで仕事をしたというほど苛烈な行であった。この旅行では、怪我もしたとされているのだ。昭和天皇の南紀行幸の予備調査として、昭和四年三月、侍従ふたりをしたがえて南方邸をおとずれた服部広太郎にたいして、熊楠は「一月に日高の妹尾官林で痛めた創跡を見せ(59)」たという。宿痾《しゆくあ》の足関節炎(60)も増悪している。

極寒の梅林の幻視は、熊楠論ではかならずといってよいほど登場する有名なシーンである。たとえば、熊楠自身が、「幾度も」体験した「精神異変」現象の一つだとしているにもかかわらず、ある論考では幻覚と言いきるだけの確証がないという理由で、この異変を幻覚とはみない。「心」が「物」にはたらきかけて「事」が生ずるという南方の例の認識論で処理してしまう。

この場合も一瞬にして南方の視界をおおった満開の梅林が、彼の頭脳によって分泌された一幕の幻覚にすぎないと言いきるだけの確証はどこにも残されていない。むしろ漆黒の闇に包まれた雑木林には、その姿を「満開の梅林」へと変貌させる不思議の「力」がどこかに内蔵されており、そうした力が南方の心の動きに感応した時、彼の眼前に「事」としての乱れ咲く梅の木々が瞬時にして姿を現わしたと考えた方が理にかなってはいないだろうか。(61)

この解釈は、熊楠の幻覚体験が問題になるときに見られる典型的了解の仕方の一つであり、そこからは南方の幻覚についての困惑を読みとることができる。善意ある誤解といってしまえばそれまでであるが、ここにあるのは、熊楠の人格の実存についての無知、または無視である。

さきにとりあげた幽霊と幻の出現の違いについて、中沢新一はその傑出した熊楠論『森のバロック』のなかで、「幻想は空間についてのユークリッド幾何学とカント哲学の側にあるが、幽霊はリーマン幾何学の側にある」(62)という論法で、熊楠におけるこの心理的偏倚にアプローチしている。なかなか興味ぶかい部分ではあるけれど、やはり、ひっかかるものがある。すぐれて異常心理学的また精神病理学的な現象について、隠喩や換喩によるレトリックの範囲をこえて、相似や隣接関係(63)のあまりない、そもそもが交換不能なはずの諸概念をおきかえているためであろうか。

とにかく、熊楠の全存在を見るとき、確証はありあまるほどにあるのだ。われわれは、天才南方熊楠の意識の総体の真実から目をそらすことはできない。なぜなら、かれを天才たらしめているもののこそ、かれの人格の実存に依存している何ものかではないのかという思いが、熊楠の謎を探求するあいだ、ずっとつきまとって離れないからである。この逆説的な真実の悲劇については、つぎの章でまたくわしくふれる機会がある。

千分の一以下の確率

いまやっと、われわれは、つぎのように述べることが許されるだろう。熊楠の人格の実存とわれわれが呼んできたものは、かれのてんかん親和的人格構造[64]に由来するものであったのだと。じつは、博識家熊楠自身が、おのれの狂気を示唆しているのだが、このことについての詳細も次章にゆずることにしよう。

妹尾山中での幻覚は、普通の人でも条件によってはあらわれる感覚遮断性幻覚か孤立性幻覚と見る立場[65]もあるだろうけれど、熊楠は幻覚についても、そもそも尋常の人ではなかった。立ちどまると消え、歩きはじめるとまた見える、四肢の運動に依存する発作的でかつ反復性の幻視発作であった可能性もある[66]。また、幻視する光景はかなり構成的な内容だ。それは過去の経験の再構成、すなわち、どこかの梅林でかつて見た月夜のシーンであっただろう。精神医学では、この型の幻覚は、知能指数の高い男性に多いことから、「高度知的アウラ」[67]と範疇化されている。

高度知的アウラに属する幻覚のなかで、熊楠に特徴的なものがある。熊楠は、夢幻のままに、死んだ人々がじっさいにそこに臨場しているような錯覚、いや、幻聴、なかんずく幻視をともなう追想性幻覚(68)、ときにパノラマ様な幻覚にとらわれる。さきにも述べた、かれのいう幽霊の出現、白日夢の世界である。

今早朝(朝三時半)孤燈この状をかくに、亡親の眼睛の光、衣の衿の色までも自身の側にあるごとく、またその音声をきくごとく覚え候。(69)(傍点近藤)

熊楠は父弥兵衛をこころから敬愛していた。「小生常に亡父の冥福を祈ること寸時も止まぬ(70)」と述べる。いまは亡きその父親が、寝しずまった深夜の孤燈の光をうけてあらわれる。熊楠はその眼の光をよみ、その声を聞き、その衣の色までも見る。父と子が夢幻のうちに交流するのだ。このとき、熊楠は眠っているわけではない。起きていて、手紙を書いているのだ。

小生最初渡米のおり、亡父は五十六歳で、母は四十七歳ばかりと記臆す。父が涙出るをこらえる体《てい》、母が覚えず声を放ちしさま、今はみな死に失せし。兄姉妹と弟が瘖然《いんぜん》黙りうつむいた様子が、今この状を書く机の周囲に手で触《さわ》り得るように視《み》え申し候。それについて、またいまだ一面識なき貴下も、この処を御覧にならば必ず覚えず悽然《せいぜん》たるものあるを直覚致し、(71)(傍点近藤)

ここでは、はるか昔の、熊楠渡米のおりの家族との別離の苦衷が、いまビビッドに再現される。熊楠にとって、それがいかに現実感にあふれていたかは、第三者にたいして「貴下も、この処を御覧にならば必ず覚えず悽然たるものあるを直覚」するだろう、と述べるほどなのである。幻覚であると理性は知りながら、現実との境界が消えうせる。主体の自我が解体し、意識の一部が他者となって現前する瞬間だ。だが、主体はけっして、分裂病のばあいのように、この変成他者によって永続的に支配されて身をほろぼすことはない。[72]熊楠の意識のなかでは、現実のほうが影のうすい〈夢〉の世界で、異界のほうが現存感の強烈な〈実〉の世界となる。「健全な常識が非現実とか幻想とか呼ぶ、そうした異常な領域こそ、真に深い意味での『現実《レアーリノスチ》』なのだ」[73]。異界とこの世を行き来する見霊者熊楠の夢幻世界のひとこまは、まるで、『罪と罰』のスヴィドリガイロフや、『悪霊』のスタヴローギンの世界ではなかったのか、と思ってしまう。

熊楠がかつて俎豆として愛した二人の少年たちの幽霊も、両親や兄弟のそれにおとらない、とくべつの地位をかれの阿頼耶識のなかでしめていたシニフィアンたちであった。

> 外国にあった日も熊野におった夜も、かの死に失せたる二人のことを片時忘れず、自分の亡父母とこの二人の姿が昼も夜も身を離れず見える。言語を発せざれど、いわゆる以心伝心でいろいろのことを暗示す[74]

と述べている。また、俎豆の弟にたいしても、

> 今に閑室に読書など致すうち、ふと二方の形を目前に見、対話談笑するごとく覚ゆること毎《つね》のことに有之候[75]

と書きおくっているのだが、その当の俎豆の弟が死ぬときも、その人が幽霊となってあらわれて、その死を予告するのであった。

> その歳の十一月十六日早朝、小生自宅の二階に眠りおりしに、ふと目を開きみれば電燈と小生

の眼のあいだに黙して立ちあり。小生は深山などに独居し、また人殺しのありし宿にとまりなどして、かようの幻像を見ることたびたびあり(年老いてははなはだ稀《まれ》なり。これは九年来酒を全く止めしによるか)、一向何とも驚かず、眼を閉じて心を静め、また開くに依然あり。かくのごとく数回して消失、小生はまた眠り候。[76](傍点近藤)。

熊弥のように失われたり死んだりした親兄弟や、かつて愛した俎豆たちにたいする熊楠の思慕の感情は強烈かつ粘着的で、そのひとりひとりに対するかれの激情的執着と情動が、シニフィアンとしてあらわれた幽霊たちに対応するシニフィエの内容を規定していた。

てんかん性人格における自我の肥大は、ときとして、家族偏愛をともない、「家族賛辞」がその特徴としてあらわれる。[77]熊楠の幽霊たちが、家族や準家族におおむね限られるのも、これで納得されるであろう。また、傍点で強調したように、アウラの出現には飲酒が深くからんでいたのも見すごせない。

幻影が手で触れるほどの実体感をもって迫る幻覚は、paroxysmal feeling of somebody being near-by(誰かがすぐそばにいるような発作的感情)と呼ばれるてんかん性幻覚である。[78]その現存感情は強烈で、

頭辺に人多く来ると夢み、次に父と今一人座す。予父の膝前の衣を手でおし見るに抵抗力あり[79]

と『日記』に書くように、手で触れれば、その圧力を感じるくらいのものであった。この型の発作は、四千例のアウラに三例ほどというきわめて稀なものであるという。[80]熊楠の天才をなさしめた、

人格の実存は、このわずかな確率的チャンスのうえに成立していたとも言えようか。たしかに、南方は、柳田のいうように、三百年か五百年に一人の希有な出現ではあった[81]。

この幻覚発作は、非常にしばしば熊楠をおそったようだ。「小生は日常不断令閨の二児を夢に見るのみならず、日中にも眼前に見ること多く[82]」、「小生は毎夜ここで鏡検するごとに、先侯がその座にいますがごとく感じ申し候[83]」、「夜間この書斎に静座する折々その長姉が泣きおりし面影をありありと見る[84]」「去年より毎夜毎夜その姉が小生のかたわらに現わる[85]」など、各所に類似の記載が見られる。

しかも、見霊者熊楠は、幻覚の出現を自由にあやつることができた。「小声又黙坐して千部（大乗抄典千部[86]――近藤）」を転読するという「妙法で（亡父母兄弟の――近藤）霊を現はし小生と会話談笑し[87]」ということになるのだった。熊楠という主体の自我は、おのれの意識がうんだ変成他者を操作する真言《まんとら》を行使して、優越者としてこの他者に対峙しているのだ。自我の分裂によってうまれた他者が優位にたって、分裂病者を苛《さいな》むのと明瞭に区別されなければならない点である。

神聖なる疾《やまい》

熊楠自身は、かれのさまざまな幻覚体験が、精神変異に由来すると明確に自覚していたが、そのときの内的感覚や情動については、沈黙をまもってきた。しかし、あたかも、他人の発作を観察しているかのような科学者の冷静さをもって、かれは、おのれの変異に目を凝らしていた。そして、書簡の随所で、自分の性格を分析してみせる。

古人はアレキサンドル大王が、時としてきわめて質素に、時としてはまた至って豪奢なりしを評して、極端なる二面を兼ねた人と評せしが、小生も左様で、一方常に世を厭い笑うたことすら稀《まれ》なると同時に、happy disposition が絶えず潜みおり、毎度人を笑わすこと多し。二者兼ね具《そな》えたゆえか、身心常に健勝にて大きな疾《やまい》にかかりしこと稀なり。(88)

この自己分析は躁うつ的気質の告白のようにも見えるが、そうではないだろう。てんかん親和的人格における周期性気分とみるのが妥当だ。興奮の被刺激性が昂進した不機嫌ムードが、抑制がとれた世俗的気分の高揚 happy disposition と交代する反復サイクルを、(89)熊楠はみずからよく認識していたわけだ。

アレキサンダー大王がてんかん患者であった確証はないのだが、医学者によっては、大王てんかん説をとる人もあるようだ。(90)アレキサンダーが、その死にいたるまで繰り返し発作的な行動に出ることによって、狂気の心的素因、むしろ時として躁暴性の狂気の素因さえあったことを示していた、(91)とするジュール・ロマンは、寛大仁慈とうらはらの度はずれた残酷さに見られる二面性気質、衝動的で抑制のきかない憤怒発作、妄想傾向、おとなになりきれない大きな子供のような性格などが大王の性癖のおおきな特徴であったとしている。これらはまさしく、てんかん親和性人格構造に特徴的なものである。だが、大王がてんかん持ちであったという文献上の証拠は見あたらない。しかし、博捜家の南方が、なにかで大王てんかん説を読んでいたのか、あるいは、熊楠が愛読したプルタルコスによる大王伝のなかで述べられた二面性気質[92]や同性愛に照らして、思いあたる節があったのかはわからない。いずれにしても、この一文は、じぶんの神聖病についての、熊楠のかくれたサインであり、秘匿された告白と見られないこともない。

かれの情動の曇りと晴の日のコントラストを杉村楚人冠も描写している。「人が尋ねて行っても、気に向かぬ時は相手にもしない。強《し》いて話でもしかけたら、それこそ大変、雷の落ちたように怒鳴《どな》りつけられてしまう。それがまたどうかして気が向いた時となると、喜んで人を迎えて、滔々幾千言、古今に渉《わた》り、東西に通じて、哲理を談じ、歴史を語り、科学を講じて、倦む所を知らぬ[93]」ということにもなるのだった。

いわゆる真性のてんかん患者であったフローベールも、「原因なく激しい喜びから極端な疲労状態になつた。彼には中間の状態はなかつた。対人関係においても同様なところがあり、彼が社交生活を離れて隠者のやうな暮しをするやうになつたのもそんな性格のため人間的な交渉に堪へられなかつたから[94]」だと村上仁は述べている。

この極端から極端への気分の周期性変化は、明確なてんかんの病的症状として、挿間性精神病と医学が定義するところのものと関連するのだが、意識は清明であるので、その精神病理学的意味が見すごされることがしばしばある。

熊楠のために粘菌などの絵をかいた在郷の画家楠本秀男も、熊楠の気分のサイクルについて、貴重な観察をのこしている。

十一月十三日夜、先生十数日来、ほとんど光線少く、うす寒き寺坊の一室に籠居、かつ食事は豆腐やキノコのみにて、気鬱し顔色蒼ざめて深き憂いを帯び、一向面白くない、面白くないとこぼさる。「もうこんなところは早くきりあげぬと、気が遠くなって阿呆になる」と言われるかと思うと、一杯やり、調子ガラリと明るくなり、鼻うたをうたいコリャコリャサッサなどやり出される。自分も面白がって笑うと、先生曰く「禅宗の方ではこんなに物に応じて変わって滞《とどこお》らないのを、悟りと言うて喜ぶのである。一本調子でちっとも変化がないのをつまらぬとしたのである。わが恋はたんすのひきて下駄の音、火打ち袋に鶯の声、こんな風にかえて行った方がよい」[95]。（傍点近藤）

傍点の部分は意識変容をともなっていると見られるのだが、十数日間つづいた不機嫌ムードのあと、突如として、happy disposition のコリャコリャサッサがはじまるのだ。そこにアルコールが介在する。その豹変ぶりが、すこしばかり気恥ずかしかったのか、禅宗をもちだして弁解がましいことを言っているのが、ご愛敬だ。

熊楠の曇りと晴の情動の二面性は、かれのポリフォニックな人格を理解する、いま一つのクリティカルな鍵である。この鍵がなければ、熊楠は解けない。多くの評論がこの鍵もなく、扉を押しては混乱しているように見える。

では、自身の病気を南方はどのようなものと自覚していたのだろうか。さきに見たように、アナ

ーバーでの狂騒の祝祭のさなか、明治二十二年四月二十七日の『日記』には、

> 夜癲癇発症。十九年十月以後初てなり。初め高野、大坪氏室に入り、後に三好、中川氏室に入る。世良、堀尾等居合せる諸氏鎮撫さる。十二時過、三好、中川二氏に送られ帰宅(96)

と記されているので、自分がてんかん持ちであることは、もちろん、明確に自覚していた。ここにいうてんかん発作が、大発作であったのか、精神運動発作またはそれ以外の部分発作だったのか、詳細は不明であるが、友人たちの態度などから大発作であったと推測される。また、夜間の発症であったようだから、いわゆる睡眠てんかんであった可能性もある。だが、かれのてんかん発作についての信頼するにたる記載は、明治十九年と二十二年の発作以外にはないようなので、定型大発作の稀にしか起こらない「機会てんかん occasional epilepsy」(97)であったのかもしれない。だが、大発作はきわめて稀であったとしても、欠神発作ないしは精神運動発作はちょいちょいあったのではないかと想像される。(98)

　あとで述べるてんかん代理症的なものか、または精神運動発作であったか、熊楠は夏になると発狂者のようになることがあった、と毛利柴庵は言っている。

> 全体、先生は若い時分、熱帯地方で植物採集に従事し、その時「日射病」にかかり、その以来今日に至るまで、毎年夏になれば一、二度ずつ起こる。その時はまるで発狂者のごとくなるも、これみな学問に熱心した結果と見れば、われら学術界に身を投ぜるものは、むしろこれは先生の御心労を証拠立てるものとして、心窃《ひそか》に感謝するのである。(99)

毛利のいう日射病を、精神運動発作のようなものの譬喩的表現とみなせば、ある時期までは、年に一、二度はかなりな発作が起きていたのかもしれない。「発狂者のごとくなる」のを、感謝するというのも妙であるが、素朴な南方信仰はほほえましくさえある。ここにも、熊楠にたいする善意の誤解がある。このようなファンに囲まれていたからこそ、田辺の南方は、アルルのゴッホのようにおおきく破綻することもなく、放浪への思念を抱きつつも、その生涯を平穏裏に紀州田辺でとじることができた。ところで、熊楠自身は、「小生は春になれば、狂人如くなることある故」[100]と述べているのだけれど、熊楠の情動の病的ゆらぎが、とくに季節と関係があるということはなかったようだ。

医学的に見るとき、いわゆるてんかん発作がなくても、「てんかん代理症」とよばれる諸症候やつぎの章で述べる特異的行動変化と脳波検査を併用することによって、てんかんという診断が可能である。「いろいろの不全発作、すなわち失神や不機嫌や朦朧状態や精神的人格の持続的変化などは今日では、さしあたりは人の注意を引く痙攣現象と同じようにやはり癲癇の現れの諸型と見なされる」[101]。そして、熊楠にあっては、ここに列挙された代理症的なもろもろの偏倚にこと欠くことはなかった。

じぶんの神聖病《モルブス・サケル》を自覚していた熊楠だが、かれの書いたものや、「ロンドン抜書」を見ても、精神医学を系統的に勉強した形跡は見あたらない。もっとも、当時のてんかん学は、脳波検査という強力な武器もなく、学問自体が未発達であり、学問の初期段階の混乱をまぬがれてはいなかった。ともあれ、博物収集などの趣味によって、狂人にならないように、いろいろな工夫をして生きてきた熊楠ではあるが、おのれの神聖病にたいする病識感は、発作の恐怖におびえつづけたゴッホやドストエフスキーのことを思えば、比較にならないほど希薄だったようだ。これは、かれの病が大発作のきわめて稀ないわゆる機会てんかんであったことと関連していたと思われる。

だが、熊楠のような態度のほうがより一般的なものだともされている。「患者は一般に自分の発作に対して驚くほど無頓着であり、常識では考えられないほど平然とした態度を示す[102]」。熊弥の病気についても、南方の家系に精神病はなかったのに、じぶんの深酒のために、こどもが発病したと話している[103]。かれが狂人と言うとき、高度の妄想体系にとらわれたあげく自我が解体して、ついには自己の殻に閉じこもってしまう精神分裂病様病態を念頭においていたと想像される。てんかん性精神病のほうは、妄想さえも環境世界との交渉によっては緩和されて、現実世界とは良好な共存関係を維持できるうえに、機会てんかんのようなものであれば、知能もおかされることはない。だから、じぶんの性格が「狂人になることを患《うれ》えた」ほどであると自認していたにしても、じぶんは「身心常に健勝にて大きな疾にかかりしこと希なり」と確信していたのだった。

熊楠の幻覚は、その死のまぎわにおいても、かれの阿頼耶識のなかから、たちあらわれる。愛娘文枝の「終焉回想」からその瞬間をひいてみよう。

父は毎年六月頃に花を咲かす庭の大きな楝《おうち》の木を愛していた。昭和四年六月一日の（昭和天皇への――近藤）御進講の日は、ちょうど門出を祝福するが如く、紫色の楝の花が空一面に咲き誇っているのを満足そうに見上げていた。今すでに意識朦朧とした脳裡に過ぎし日のことを想い出したのか、「天井に紫の花が一面に咲き実に気分が良い。頼むから今日は決して医師を呼ばないでおくれ。医師が来ればすぐ天井の花が消えてしまうから」と懇願した。そして夜に入り、「私はこれからぐっすり眠るから誰も私に手を触れないでおくれ。縁の下に白い小鳥が死んでいるから明朝手厚く葬ってほしい」と謎の言葉を残し、「頭からすっぽり自分の羽織をかけておくれ。では、おまえたちもみんな間違いなくおやすみなさい。私もぐっすりやすむから」と言った。それから夜中の二時すぎであったか、急に荒い息の下から、「野口[104]、〳〵、熊弥、〳〵」と大声でさけんだ[105]。

臨終の刹那にあらわれた紫の花というシニフィアンは、熊楠のこころを支えてきた天日《てんじつ》をあおいだ日の感激であったろうし、縁の下で死んでいた白い小鳥というシニフィアンは、熊弥を意味していたであろう。自分の死がまぢかに迫ったのを予感したとき、熊楠は、死が熊弥をもとらえたと感じたのだろうか。いや、熊弥を岩倉におくったときに、すでに熊楠のなかの熊弥は死んでいたのだ。熊弥の仮の死こそ、熊楠の後半生の最大の痛恨事であったが、この世を去ってからは、愛する熊弥と手をあいたずさえて、楝の花の咲きほこるむらさきの苑に遊ぶことができた。

第七章　側頭葉人間

天才と神聖病

聖パウロ[1]、仏陀[1]、マホメット[1]、教皇ピオ九世[1]、イグナチウス・ロヨラ[2]、アレキサンダー大王[1]、シーザー[1]、ナポレオン[1]、ジャンヌ・ダルク[3]、モリエール[4]、スイフト[4]、フローベール[5]、ドストエフスキ[5]ー[6]、バイロン[1]、パスカル[1]、ヘーゲル[7]、キルケゴール[8]、モーツアルト[3]、ヘンデル[4]、パガニーニ[1]、スウィンバーン[1]、ゴッホ[6]、そしてわれらが南方熊楠。

ここに列挙した人々に、もし共通するものがあるとすれば、それはなんだろう。

人種は、白人各種、中東人、インド人そして東洋人とひろく分散している。職業は、宗教家あり、征服者あり、政治家あり、音楽家、哲学者、小説家、詩人、画家と職種も多様だが、目につくのはまず宗教家だろう。釈迦牟尼、マホメット、聖パウロ、ロヨラとそろっている。また、アレキサンダー、シーザー、ナポレオンとくれば、戦略家・征服者のなかでも剛のものたちである。フローベール、ドストエフスキー、ゴッホ、モーツアルト、ヘンデルと超一流の芸術家が登場している。パスカル、ヘーゲル、キルケゴールと大哲学者・思想家も見られる。詩人はバイロンだけで例外的であるようだ。いずれにしても、すべてに共通するものは、まず、男性であるということ。そしてそれぞれが、その分野での巨人であり、並はずれた能力をしめした、英雄、偉人、天才とよばれるにふさわしい人々であるということであるが、それが共通項のすべてであろうか。

じつは、かれらは、ふるくから神聖なる病とよばれてきたものを患っていたか、あるいは、精神病理学者がてんかん親和的人間[9]とか中心気質[10]とよんでいる性格の所有者ではなかったか、とみなされた人々なのである。

もっとも、まずまちがいなく、てんかん者であったと見られるのは、ロヨラ、フローベール、ドストエフスキー、キルケゴール、ゴッホそれに熊楠くらいである。聖パウロ、マホメット、シーザーもまた、かなりの蓋然性でてんかん者であったと見られる。その余は、伝承的、状況的にてんかん者とみなされたか、あるいは少なくとも、いわゆるてんかん親和性人間構造かそれに近い性格の保有者であったとみなされた人々である。

ここで、てんかん親和性人間とか中心気質という気質類型について、ひとこと補足しておかなければならないだろう。これらの気質類型に属する人と、てんかんを患っている人とは、いちおうはっきり区別しておく必要がある。この気質圏の人々の一部には、てんかんの遺伝的な負荷をもつ人もいるであろうが、そのほとんどは、存在様態がてんかん親和的な人格構造と内的連関性をもっているとみなされた人々である。木村敏が、豊富な臨床経験と深い省察にもとづいて、パウロやエックハルトの神秘思想、ルソーの自然体験、ニーチェの永劫回帰の思想に、てんかんに親和的な存在構造を読みとり、「彼ら個人個人がてんかん患者であったかどうかは、ここでは全く問題にならない。これらの思想家が精緻に描き出している人間存在の一つの際立った可能的存在様態が、てんかん患者の発作においてそのつど現実のものとなっているという点が重要なのである[11]」と解説していることでもわかるように、これは、言ってみれば現象学的・存在論的レベルの問題なのである。したがって、てんかん発作に凝縮して表現される存在可能性の諸様態が、非てんかん者とみなされている人間存在にあっても発現されるという点が重要なのであり、そのような人も、ここに列挙したなかにふくまれているのである。

これらの人物を見ても、この気質に属する天才は英雄型である[12]、と言われるのがよく理解できるのだが、われわれはこれに、宗教型を追加してもよいのではないか。釈迦牟尼、マホメット、聖パウロ、イグナチウス・ロヨラは宗教家そのものだけれど、ドストエフスキーも、ゴッホも、キルケゴールも、そして熊楠もすぐれて霊的人間《ホモ・スピリチユアーリス》であったのだから。

ヒポクラテス以前から、ギリシャ人がてんかんを神聖な病[13] morbus sacer と呼んでいたのはよく知られている。てんかん学者ディーター・ヤンツは、「この sacer という形容詞は必ずしも『神』あるいは『神聖さ』と結びつけて理解すべきものではなく、一種悪魔的・デーモン的な呪いをも意味していたと考えるべきだ[14]」と言っているのだが、ヤンツのこの解釈に格別の注意をはらっておこう。この視点は、これから紹介するE・クレッチュマーの天才論につながるのだから。

ソクラテスが自己の精神生活の指導を、かれのうちなる魔性《ダイモニオン》に仰いでいた、とするクレッチュマーは、その著書『天才の心理学』のなかで、精神病理学的なもの、すなわち、魔神的《デモーニッシュ》なものの存在が、天才の誕生に必要欠くべからざる要件であることを、多くの実例をあげて主張している。(15)そのために、社会的評価と生物学的評価とが、天才のばあいほど乖離してしまうことがさけられない。だから、「多くの天才自身が、錯乱と狂気とを特殊人(ひろい意味の天才のこと——近藤)の最も著しい特徴として礼讃しているにもかかわらず、彼の伝記作者は大手をひろげて彼の前に立ちふさがり、彼を精神医学者の眼から蔽いかくそうと(16)」して、聖者伝をつくるのだ。

しかし、冷静な観察者の目は、狂気、なかんずくてんかん性存在契機が、宗教や芸術、さらにエクリチュールの誕生における助産婦であることを、見すごすことはなかった。てんかんの人間学的文脈においては、「てんかん的な存在契機なくしては、人間のいっさいの『狂気』も、そしてまた美も宗教も、そして生の充溢と幸福すらもありえないのではあるまいか(17)」とする精神病理学者の見解を虚心坦懐にきく耳をもつことが大切なのである。

ところで、熊楠自身が、おのれのなかの「狂」を冷静に見つめていた。在米時代にすでに、自分が「ちと狂人らしく見ゆる故」「ルウソウ」に「自推するなり(18)」と、ルソーにおのれを見たてている。ルソーが精神異常的人格をもっていたことが前提になければ、この文章は意味をなさない。クレッチュマーは『天才の心理学』の最終章をルソーにあてているのだが、ルソーの病跡と熊楠の心理上の偏倚との類似点には、少なからず驚かされる。漂泊癖、被害的色彩をおびた劣等感、同性愛、露出症、対人不安。

南方は、ルソーの『懺悔録』にはとくべつ興味をもっていたらしく、しばしばそれに言及しているのだが、ルソーのなかにおのれとの共通点を見いだして、親近感のようなものをいだいていたにちがいない。だから、『懺悔録』にならって自伝を書くのだと再三宣言している。

> 英国では、予はずいぶん名高い投書を多くし、今もしておるから、必ず後に予の伝を尋ぬることが起こる。よって面白く綺語を事実に加えて、「新方丈記」一冊作り(英文)、今度ジキンスに送る。オクスフォードの図書館の石室に収むるなり。その体はルーソーの『自懺篇』にならえるものなり[19]

と、土宜あてに書いたり、「せめては自分の伝記を面白くかきなし」、「件《くだん》のルーソーの雄篇に及ばぬまねして、半小説のようなものこしらえおり、およそ今より六年もかかり候わば仕上ぐるつもり[20]」と多屋たかに書き送っている。しかし、残念なことに、この予告もまた、実現することなくおわってしまった[21]。

われわれが冒頭に定義した人間学の立場からすれば、天才の人間学は、熊楠のばあいがそうであったように、高い社会的評価の裏側に、魔性を包摂する精神病理的で、社会的認知の容易でない実存の闇の部分を発掘せざるをえないことがある。これは、多くの南方愛好家にとって悦ばしいことではないであろう。しかし、夜の闇があってはじめて、曙光の輝きが朝《あした》をもたらすのを、なに人たりとも否定することはできない。天才の誕生が、その基本の一部分を夜の闇に負うとすれば、そして、天才の実存に光をあてる人間学が、昼と夜の力動的干渉を研究の対象とする以上、われわれが、南方熊楠の謎を探る旅路の果てに見たものは、いままで蓄積されてきたもろもろの熊楠論のたぐいとは異なるものとならざるをえなかった。

詩人や芸術家と狂気とのあいだの関連をみとめた人は、ここにその言葉を引くアリストテレス以来、少なくはない。[22] アリストテレスによれば、詩人、芸術家だけでなく、ソクラテスやプラトンなどの哲学者にも異常な素質があったとしている。

名高い詩人や芸術家らは、往々にしてメランコリーあるいは狂気である。アイアスのごときはそれだ。しかしそのような素質は、近頃でも、ソクラテスや、エンペドクレスや、プラトンその他多くの人々、ことに詩人の中に認められる。[23]

天才と狂気の研究は、十九世紀に入って、イタリアの精神科医チェーザレ・ロンブローゾによって、科学としての精神病学という近代的な装いをあたえられる。だが、かれの有名なことば「天才は狂気ことにてんかんの一種である」は、多くの反駁と論争を呼び起こした。かれのあまりにも単純化した言述や、当時のてんかん学の未熟さにくわえて、十九世紀ヨーロッパの植民主義と帝国主義の空気に汚染された進化論にもとづくかれの人種差別的犯罪者論もからんで、今日にいたってもかれの評判はわるく、つねに批判の対象とされてきた。[24] そのロンブローゾにつづいて、パウル・J・メービウスの創始にかかるゲーテ、ニーチェ、ルソーなどの天才人の精神医学的伝記である病跡学《パソグラフィー》の数々が二十世紀の初頭をかざり、『天才』[25] の著者W・ランゲ＝アイヒバウムやクレッチュマーにバトンがわたされる。ランゲ＝アイヒバウムは社会学的方法を採用して天才問題にとりくみ、クレッチュマーは形相学としての性格類型学をうちたてたのであったが、前者は、創造の問題を社会的名声の問題のうちに回避してしまったという批判をうけ、後者は、形相学としての限界が指摘されてきた。[26]

クレッチュマーの『天才の心理学』の初版がでたのが一九二九年のことである。南方が目にする機会があったのは、ロンブローゾあたりまでであったろうか。

さきに見た土宜法竜にあてた書簡につぎのような記載がある。

この天才ということ自慢のように聞こゆるが、実はアラヤ識が高昂せるにて、近来天才を狂人の一種と論ずる学者多し、故に小生決して自慢にあらず、実事を申し上ぐるなり。[27]（傍点近藤）

自分は狂人の一種すなわち天才なのだが、けっして自慢しているのではない、事実なのだ、としかこの文章は読めない！　真実かれは、おのれを冷静に観察しつづけていたのだ。

書漏の人であったと同時に読漏家（強迫的な態度で読みつづける人）でもあった南方だが、系統的に精神医学の書物を読んでいた形跡がないことは、さきに述べたところである。だれの書籍を念頭においてこの文章を書いているのか。ロンブローゾが『天才と狂気 Genio e Follia』を書いたのが一八六四年とされている。[28]当時の話題をさらったこの本くらいは、まずまちがいなく目をとおしていたとおもわれる。狂気と天才についての問題を、南方がどのように考えていたのか、自分の神聖病についてどう感じていたのか、一家言ありそうであるが、まだ発掘されていないのか資料が目につかないのがいかにも残念である。

素戔嗚尊《すさのおのみこと》

さて、クレッチュマーは、精神の病理学から一歩をすすめて、身体的条件に刻みこまれた人格の構造を明らかにしようとした。かれは、痩せて無力的な体型《アステニーカー》、栄養のよい肥満型《ピクニーカー》の体型、筋肉にとんだ闘士型体型《アスレティーカー》を、それぞれ、分裂気質、循環気質(躁うつ気質)と粘着気質にわりふったのである。正と狂とを問わず、人間の三つの体型類型には、それぞれに対応する三つの気質類型が、人格の刻印として押されているというのだ。

ただ、クレッチュマーが粘着気質としたものは、その大部分は類てんかん気質であったが、一部の分裂気質もふくまれていて、若干あいまいな概念となっていたので、あとで述べるようなミンコフスカや安永浩による改訂版が必要となった。また、九千例ちかい人々を対象としておこなわれた国際的な調査によると、無力的体型と分裂気質、肥満型体型と循環気質との相関には顕著なものがあったのに、粘着気質と一対一に対応する体型を三つの体型のなかで特定することができず、粘着気質は無力、肥満、闘士、異常発育型などの体型のいずれか一つか、それらの混合型をしめすことも判明した(29)。ひとことでいって、クレッチュマーは、分裂気質と無力体型、循環気質と肥満体型という二つのカテゴリーでは成功をおさめたのだったが、第三のカテゴリーでは未解決の問題をいくつか残したというわけである。

南方が肥満型であったか、闘士型体型であったか、あるいは異常発育型であったかは、にわかには決めがたい。若いころの写真を見れば、不全型であるようにも見えるが、壮年、晩年を通して、猪頸でずんぐりとした体型で、よく暴力をふるったことから、腕力は強かったのであろう。さきに紹介したように、河東碧梧桐は「何心なく我輩の手を握ったのさえ、やや痛みを感じたのでもほぼ想像が出来る」と述懐している。

肉体の鍛錬は、熊楠自身もつねづね努力怠りなかったと、つぎのように書いている。

小生また大武力あり、三十余斤《きん》の鉄棒を昼夜臥牀《がしょう》の頭に置き、毎日一上一下、上三下四と稽古《けいこ》し居れば、中々三―四人位のものに負くる事成らず。[30]

このボディビルディングのようで水滸伝的な武術は、一時は護身用の十手をおびていたこと[31]ともども、かれの被害的念慮と無関係ではなさそうだ。

杉村楚人冠は「便々と突き出た大きな腹、ぎょろりと人を射るような眼《まな》ざし、赫《かっ》と怒らせた両肩、始終もぐもぐと膨らませた両の頬、まるで上野にある老西郷の銅像を生《しょう》のままで見るような[32]」と、上野の西郷さんを連想している。その息子武は「身の丈《たけ》五尺二、三寸、でっぷり肥った体は胸が厚く腹がでているが筋骨質ではなく、脂肪ぶとりの丸味に包まれてしなやかでさえある。だからといって短軀矮小ではなく黄色の肌に湿しさを秘めている[33]」と観察する。

柳田国男は、「素戔嗚尊と申上げたことは極端な例でありますが、王者型、酋長型ということで第一身体が非常に大きい。それから威力が非常に強い。それから情熱が極度に発露する。憎んでも嫌つてもウンと強く現れる[34]」と、熊楠を王者型として、素戔嗚尊に見たてるのである。

これらの資料にもとづいて判断するとき、闘士型か肥満型体型、またはその混合型を選択するのが妥当であろう。

クレッチュマーが粘着気質をもつ闘士型の人格類型としたものは、厳密には、類てんかん気質に該当するのだが、この気質の人は、執着的性格をもち、コツコツと律儀に仕事をこなす画家とか職人の世界で能力を発揮することが多い。わが国では、男性てんかん者およびてんかん者家系の男性血縁者に、推計学的に見て有意におおい職種として写真関係、通信・郵便、印刷製本、輸送業などがある、という報告もある[35]。

クレッチュマーは、さらに、

> 彼らには「エスプリ」と称するものが全く欠けていて、思考過程の中に軽快な、流動的な、飛躍的なものがなく、また繊細な感受性をも欠く。(中略)また彼らには空想的な思弁が少ない。これに反し、偉大な研究力と徹底性とが(中略)、研究者や思想家にあっては、(中略)有利な影響を与えることがある[36](傍点近藤)

と指摘したうえで、したがって、一つ一つ仕事を積みあげる人文科学系研究者や思想家(たとえばヘーゲル)には向いているが、詩人または芸術家に闘士型はきわめてまれであると述べている。わが国の男性てんかん者とその血縁者に、科学者や技術者のような〈論理〉を対象とする職業は有意に少ない、という報告[37]もまた、てんかん親和的人格のこの面に対応する現象と見てよいようだ。

クレッチュマーの言説は、「独特の回りくどさ、細部にこだわり思考や行動が先へ進まない執着性、保続傾向、卑屈なまでの自己抑制、そしてそれらと全く矛盾する突然の爆発的な易怒性など[38]」を特徴とする複雑なてんかん親和的人格構造が、論理的直感や飛躍に欠けるところがあっても、たえまのない努力がそれを補償することで、学問や芸術の面ではプラスの効果を発揮する可能性もありうることを示唆している。

まごうかたなく、南方の学問は、論理的発展や飛躍のとぼしい執着的収集衝動が支配する精神世界に構築されていたのだった。元来、対象密着的に、現在執着的に、「地面を離れぬ現実的な態度[39]」をとって、目の前のものに固執してやまなかったかれの姿勢を見てきたいま、本書の冒頭でとりあげたかれの没論理性問題も、このコンテクストのなかでは、容易に理解されるであろう。

かれの論文、とくに和文や書簡イディオレクトにおいては、関連文献にたいする博捜癖への固執が、特徴的な百科全書的構造をうむ。それは、ときに本筋の論理の展開からさえはなれて、古今東西の諸文献を渉猟してやまない偏執の情熱として、ひとり歩きをはじめる。その結果、熊楠の論文は、論理の展開に重点がおかれるのではなく、資料の収集が主目的であるかのごとき、あくまでも〈博物マニア〉的印象をあたえてしまう。『十二支考』に代表される、ときに猥雑で浪費される知識を羅列してやまない熊楠の衝動と、珍品部屋を残した博物コレクター、珍品収集家としての超人的情熱とは、闘士・肥満型体型にひそむ粘着気質というかれの心性において完全に共軛《きょうやく》していたのだ。

この人格の刻印は、直観像素質者《アイデティーカー》熊楠に希代の集中力と博覧強記を保証すると同時に、粘菌類の収集に没頭するひたむきな情熱の強迫心理をも維持していた。

ブラッカーがいみじくも指摘した無私無欲の作業に没入するとき、熊楠は対象と「アニミスティックな呼応を交わし(40)」、「根源的・始原的なもの、無限で永遠なもの、神秘的で宇宙的な力、素朴で純粋な喜びや陶酔(41)」を感じていたにちがいない。そうであったればこそ、あの極寒の妹尾での調査収集や、死を目前にした検鏡にもたえることができたし、熊楠じしんがおそれた「狂人になること」もなかったのである。

霊的人間《ホモ・スピリチュアーリス》の誕生

ここで、いままで見てきた熊楠の特徴のある行動や情動の発現の機構を、病跡学や現代脳科学の視点もとりいれて、整理しておこう。

現代の医学では、てんかんは精神分裂病や躁うつ病などのいわゆる内因性精神病のカテゴリーからは除外されていて、脳の器質的疾患と理解されている。精神の病というよりは、脳という肉体のふつうの病気であるとみなされている。事実、おおくの人々が適切な薬物療法や手術療法によって、健常者とあまりかわらないふつうの人生をおくることができるのである。

それらのてんかん者を中心にして、クレッチュマーが粘着気質とよび、現代の精神病理学者がてんかん親和的人格、中心気質などとよんできたてんかん的存在様式、その構造契機をもつ人々が一つの圏を形成して、分裂気質圏と躁うつ気質圏にある人々と一部は相互にかさなりあって非定型的な病像をうみつつ[42]、棲み分けをしている。

『天才の心理学』でクレッチュマーは一貫して、精神異常的契機が天才をうむというテーゼに執着した「狂気のおかげで[43]」論を展開しているのだが、分裂圏と躁うつ圏に属する天才たちの華麗な整列にくらべると、粘着気質に属する天才的存在は稀な現象であり、その意味でも粘着圏は不毛のカテゴリーの憾《うら》みをかこってきた。「天才は狂気、ことにてんかんの一種である」というロンブローゾの神託は、今世紀に入っては、揶揄の対象でしかなかった。クレッチュマーは、分裂気質者と循環気質者については、その気質がどのようなかたちで、文学者、研究者そして指導者たちの精神と行動の様式に貢献しているかをまとめて表示しているのに、てんかん気質のカテゴリーだけが欠落しているのである[44]。作家、学者、指導者などでは、粘着気質がもたらす恩寵をたんに確信できなかったためだけでなく、てんかんは創造性に負の働きをするとさえ考えていたのだ。

三気質圏における天才のこの偏在傾向は、その後のヨーロッパならびにわが国の病跡学の進展があらためて追認することとなるのであるが、日本のこの分野を代表する宮本忠雄も、当時スタンダード・ワークとして評価された、病跡概論ともいうべき論文のなかで、てんかん者では宗教的幻視や神秘的恍惚感によるごくわずかの例外をのぞいては、そもそもが「生否定的」な疾病構造と、創造活動に不可欠な「現実からの脱却」や「日常世界からの脱出」をともなう精神的飛躍を困難とする存在様式が、創造的活動を阻害することを指摘している。[45] そのために、なかんずく論理性が要請される科学の分野では、著名な天才たちは、躁うつ圏と分裂圏、それにくわえて神経症には所属していたけれど、てんかん圏からはうまれないことを、飯田真などがしめしていた。[46] やはり豊富なパソグラフィーの業績を世に送ってきた福島章は、日本の天才にてんかん圏のものが稀で、斎藤茂吉と徳冨蘆花などをあげうるにすぎないとしたうえで、「日本がてんかん圏の天才を生まないこと自身が、一つの比較文化的考察に価する現象であろう」という注目すべき発言をしている。[47]

日本ははたして、この意味で比較文化的に特殊なのであろうか。

かつて小田晋は、わが国の現代のてんかん者には宗教的幻覚は比較的まれにしか出現しないことを指摘し、[48] 和田豊治も日本人の偉人にてんかん者がいないのをいぶかったものであった。[49] しかし、小西輝夫のおこなった宗教者(ただし、すべて過去の宗教者たちである)を対象とした研究では、たしかにてんかん者と確定できる者はいないものの(資料的制約のため当然ともいえるけれど)、てんかん親和的人格の傑出宗教家はけっして稀ではないことをしめしていたのだった。[50] 小田もまた、中世の仏教説話集などでは、てんかん性の意識障害をともなう幻覚・妄想と推定される事例があることに注目していた。[51]

小田はそこから一歩をすすめて、神秘的傾向をもつ宗教家、作家、芸術家などの霊的人間に共通して見られる類型学的モデルとして、「夢幻様人格《オネイロイド・パーソナリティ》」[52][53] といういまから見れば非常に先見的で、興味ぶかい人格類型を提唱していた。教科書的には急性分裂病性挿話と定義されている夢幻様人格について、小田は、その障害部位として間脳の関与を推定し、徴候学的特徴として、(1)生き生きとした直観像(直観像素質《アイデティーカー》)、(2)意識が変動しやすい、(3)睡眠・覚醒のリズムの特異性――浅い眠り、徹夜が平気でこれに短い夢の多い眠りが入る、(4)夢と現実の相互浸透性、(5)精神的な脆さ・幼さ、(6)自主的な気分変動、などを列挙し、歴史上の実例として熊楠と明恵上人、上田秋成の名をあげたのだった。熊楠を非定型的なパラフレニーとした津本一郎もまた、熊楠を「夢幻様人格[54]」と規定していたが、小田の列挙した徴候はまさしく、熊楠のなかにわれわれが見てきた諸相である。

小田が彫琢したこの人格類型は、なによりも側頭葉てんかんの夢様状態《ドリーミーステート》を核とする人格特徴を想起させないだろうか。われわれはここに、日本の傑出宗教者にてんかん圏のものが稀であるとされてきた状況のなかで、小田の夢幻様人格に〈てんかん性契機〉が伏在していると仮定したい。そして、さらにその先に、これから述べる〈側頭葉てんかん性存在構造〉をあえて措定したいのである。夢幻様人格における間脳障害とは、側頭葉・大脳辺縁系複合を構成する神経組織の生化学的かつ電気的な活動の過剰による精神と行動の偏倚と、等価であるだろう。このようにして、われわれはいま、側頭葉てんかん親和的人格とよぶ霊的人間の降誕を、わが国でもまた、目撃しているのではないか。

ところで、側頭葉てんかんでは、病変が大脳の側頭葉とその内側周辺に局在している。脳のこの部分は、記憶や情動に深く関連していて、神経学、精神医学、心理学、脳外科学、生理解剖学からの熱い視線が集中する脳のなかの十字路《クロス・ロード》とよばれ[55]、病因論的にも、症候学的にも、また脳の進化の観点からも、おおきな関心がよせられてきた。

なかんずく、その中核となる機構として、大脳辺縁系とよばれる装置があって、記憶の統御とか感覚器からくる情報の生物学的価値判断にかかわりをもつ。大脳辺縁系は、動物の進化のうえでは、情動脳ともよばれる古い脳皮質（古哺乳類の脳）に属していて、動物の哺乳行動が大脳辺縁系の進化の契機であったとされている。哺乳類の脳の進化とは、マクロの比較解剖学からみれば、辺縁系をかこむ理性脳である新皮質（新哺乳類の脳）が量的に増大し、また、機能のうえで特化することにほかならなかった。

その過程のなかで、大脳皮質に属する側頭葉は、新しい脳皮質と古い脳皮質（辺縁系）との接点として特異な機能を発達させてきた。側頭葉・大脳辺縁系複合体は、ほんらいは情動的精神作用 emotional mentation を制御するのが主役であったのだが、ランガージュ――つぎの節で見るように熊楠は数学を例としてあげているのだけれど――を発明した新皮質の機能である悟性や理性 rational mentation と、古皮質よりもさらに下位にある、爬虫類の日常生活のルーティーンやサブルーティーンをプログラムする原精神作用 protomentation しかもたない中枢神経（爬虫類の脳）の主機能であるいわゆる本能的行動との、衝突または協同を調整する役割さえになうこととなった[56]。

だから、大脳生理学者から「見方によっては脳の主体はむしろ辺縁系にあり、発達した大脳皮質は辺縁系を助ける脇役のようにも見える[57]」とさえ言われているほどであって、脳の進化過程における情動脳の誕生は、〈こころ〉の完成にむけてのおおきな一歩をすすめるものであった。

側頭葉てんかんでは、まさにこの部分にてんかん性放電源があるので、多彩な情動の変化が意識と行動の偏倚をうむ。正確には、側頭葉のさらに内側に位置する辺縁系に放電源があること、つまり病巣があることがわかってきた[58]。

大脳辺縁系の進化と側頭葉てんかんの現象学の研究をすすめてきたポール・D・マクリーンは、精神運動てんかんともよばれる側頭葉てんかんが、てんかん者をこえて、普遍的な人間精神の構造をさぐるうえでの神経学的基盤を提供するものだと主張する[59]。プシュケーがプシュケーの発生を、脳が脳のはたらきを研究するエピステミックスという認識《エピステモロジー》学の一分野は、この条件のなかで成立すると強調する。また、精神神経学者のノーマン・ゲシュヴィントも、この面の貢献によってきわだっているのだが、一般の人の「行動を左右する情動という力をもたらす神経装置の暗号を解読するために、われわれが手にしているもっとも重要な手がかりは、側頭葉てんかんでみられる人格の変容のなかにあることは、まずたしかなことであろう[60]」と述べている。

さきに引用した「てんかん的な存在契機なくしては、人間のいっさいの『狂気』も、そしてまた美も宗教も、そして生の充溢と幸福すらもありえない」という精神病理学者のディスクールは、人類の芸術や宗教、生の充溢や幸福、そしてもちろん狂気も、これらもろもろのよってきたる根元に、大脳辺縁系という進化のうえでは古い哺乳類の脳や、さらに旧い爬虫類の脳の聖なる機能がかかわっていることを暗示していたにちがいない。

また、プロローグでも述べたように、現今のてんかんの人間学的精神病理学は、神経科学や大脳生理学的な道を迂回してきたのだったが、上に述べたマクリーンやゲシュヴィントの言述は、精神病理学の人間学的ないしは状況論的立場に立ちつつも、てんかん性性格変化は不可逆であるという古いドグマについての疑問を解決するためには「一部のてんかんの人格変化については、精神病理学や病跡学よりも、むしろ精神生理学的ないし生物学的研究の次元で解明されなければならないであろう(61)」とする精神病理学者たちの発言によって裏打ちされている。

この脳のエピステミックスのなかで、南方熊楠の謎はどのような位置をしめるのだろうか。

われわれが見てきたかれの実存の諸相は、脳のなかの十字路の障害すなわち側頭葉てんかんにつながっていたと考えられる。熊楠の側頭葉になんらかの病変が生じ、ひょっとすると四歳のときの脾疳の熱病によって、大脳辺縁系のなかでも記憶や情動の発現にふかくかかわっている〈海馬《ヒポカンプス》〉か〈扁桃体〉などに硬化病巣ができた、というようなことであったのかもしれないが、神聖病を発症するようになったのであろう。このことは、たんなる憶測として言っているのではない。てんかん性疾患のおおきな部分をしめる側頭葉てんかんが、幼児期における発熱性疾患である、感冒、扁桃腺炎、はしか、などのありふれた感染症にその原因がある、とする考えは説得性のあるものである(62)。

もし、大阪大学の病理学教室に保存されているといわれるかれの脳組織を、現代医学の目で再精査できれば、脳波検査が欠けている欠点を補ってあまりある成果が期待できるかもしれない。ふつうのX線検査や肉眼所見では見落してしまう、顕微鏡レベルの大きさの脳腫瘍が、てんかんの原因になることもあるのだから。[63]

ところで、側頭葉てんかんの人の行動の偏倚には、つぎのような顕著な特徴があるので、とくべつにゲシュヴィント症候群とよばれるようになった。[64]

(1) 神秘的なものに関心が強く、宗教的・哲学的思考に傾倒しやすい
(2) 細部にわたって強迫的に書くという過剰書字、書漏
(3) ささいなことにこだわり、なかなか一つのことから離れられない粘着性
(4) もってまわった話し方、会話・文章の迂遠性
(5) ユーモアのない生まじめさ
(6) 怒り、恐怖などの情動の過大
(7) 性的活動の低下——性的倒錯

これらの特徴ある行動変化が、情動の中心である大脳辺縁系に出現する絶えまのないてんかん放電によってもたらされるのである。この行動の偏倚は、てんかん発作の随伴症状としてあらわれているのではないことに注意してほしい。定型的てんかん発作のない間発作時《インター・イクタル》に放電が持続して特徴のある行動様式をうんでいる、と考えられている。

(1)から(6)までの内容を見ると、まるで熊楠の行動パターンを箇条書きにしたように見えるではないか。第一章から第六章までの、熊楠探求の過程で見出した行動の特徴の多くがこのなかに入って

しまうことに、われわれは、あらためておどろかされる。ただ、熊楠のあの抑圧された「浄の男道」や、女性にたいする興味の希薄性などについては、今回はとりあげていないので、(7)に関連した分析を欠くのだけれど、性的活動の低下はともかく、[65]性的倒錯もまた熊楠においては例外ではなかった。とにかく、われらが南方熊楠ほど、典型的にこの症候群の諸特性をあらわし、かつ、その原記録を豊富に残している人は少ないように思う。

N・ゲシュヴィントは、ドストエフスキーの行動様式が側頭葉てんかんのそれに合致すると指摘したうえで、「しかし、ドストエフスキーにとっててんかんの病気は人間行動のもっとも原初的で、力強い源を洞察させることを可能にし、数々の偉大な作品を世に出したことになった[66]」と述べる。われわれはいま、熊楠にくわえてゴッホもまた、ゲシュヴィントの芸術宮廷に入れてもよいのかもしれない[67]。ゴッホと熊楠の意識や行動のパターンには顕著な相同性がみとめられたし、なによりもゴッホの末期の傑作の数々は、K・ヤスパースが筆をつくして述べたように[68]、この病、ヤスパースにあっては分裂病、現代の知見では側頭葉の神聖なる病なくしてはありえなかったのだから。

ここで、一般論として宗教家について、もういちど言及しておく必要があるだろう。宗教家といっても一宗、一派を創造したような、それこそデモーニッシュな面々についてである。それらの霊的人間の精神の実存は冥《くら》い闇にとざされてきた。その闇がほのかではあるものの、少しずつ霽《は》れていく気配が感じられる。ドストエフスキーやゴッホ、熊楠そしてキルケゴールやロヨラなどは、たかい蓋然性をもって側頭葉てんかん者であったと見られる。この章のはじめに述べたように、釈迦牟尼、聖パウロ、マホメットなどの霊的人格もまた、側頭葉の神聖病に親和的な人格構造、または類似する存在契機と無縁ではなかったのではないだろうか。聖パウロとマホメットの伝説についてまわっているてんかん説も抗《あらが》いがたいようにおもわれる。また、エソテリックな仏教を完成させた神秘家空海は、多くの精神病理学者から躁うつ気質とみなされてきたわけだが、側頭葉てんかん的な精神の契機がなければ、胎蔵・金剛の両曼荼羅界に即身成仏《ウニオ・ミスティカ》をとげるという、それまでのわが国では先例のない神秘哲学体系をほとんど新規に構築したことを説明しきれないのではないだろうか。(69)

　護摩の炎にゆらめく現図曼荼羅や儀軌の織りなす羯磨《かつま》宇宙のただなかで、日常的時間を超越して、大日の法身《ほっしん》と神秘的合一をとげるという境地は、眼《げん》・耳《に》・鼻《び》・舌《ぜっ》・身《しん》というレセプターからの神経情報が、大脳皮質のそれぞれの感覚領野を経て連合野に達したあと、側頭葉に到達してはじめて、ほとんど全身的で共感覚的な涅槃《にるゔぁーな》体験をうみだして成就される。(70)五官からの知覚神経情報は、大脳辺縁系のなかで、図式的にはたとえば小野武年の示した回路に添ってながれながら、情動処理、すなわち、大日如来の永遠の一瞬という恍惚と、過剰かつ反復的に結合されて、即身成仏にいたるのだろう。(71)

　六大無碍常瑜伽　四種曼荼各不離　三密加持速疾顕　重重帝網名即身
法然具足薩般若　心数心王過刹塵　各具五智無際智　円鏡力故実覚智(72)

と頌《たた》える空海は、密教宇宙の構造の中心で、身《しん》(印契《むどらー》に象徴される身体活動)、口《く》(真言《まんとら》による言語活動)、意《い》(三昧《さまーじ》による精神活動)の三密加持を行じる。身と口の行によって流入する羯磨的知覚情報と、瞑想のけっか内的に生起する密教的精神情報が、相互増幅的に交感しあって、複雑な意識の流れを織りなしてゆき、ついには、唯一者が主宰する絶対調和の世界、キリーロフやムイシュキン的な至福の恍惚の境地に到達することを、空海は説いているのではないか。帝釈天の宮殿を荘厳《しょうごん》する珠(帝網)が、からだのすみずみに光り耀いているといういき身の人間そのものが、存在のすべて(法然)にそなわっている無際限の智恵によって、即身のまま悟りにいたるという啓示を、この神秘世界からの詩はたたえているのだ。これこそ、てんかん者の永遠の一瞬における自然との無限の合一体験(73)が、宗教者においても現出するという類似体験ではないか(74)。

宗教的神秘性にみちた意識に間脳障害を仮定した小田晋は、空海の循環気質を否定しないまま、いみじくも、「マンダラの記号化された図像の上に、生身の仏を幻視する能力、あるいは人々にそれを幻視させる能力の存在を考えざるをえない。すなわち空海の、恍惚の意識状態においてイメージの世界に入っていきやすい傾向の存在を他の多くの神秘家と共に指摘せざるを得ない(75)」と述べたのであったが、あえて補足して言えば、類型学的に分裂圏や循環圏に属する人間にあっても、出産(76)または幼児期の既往症(77)などによって受けた大脳辺縁系の障害が、精神と意識に介入して、神秘的な面で傑出するすぐれた宗教家の誕生に手をかしていた可能性を否定することはできないだろう。木村敏も、てんかん性存在構造が、「分裂病親和的な存在構造と躁うつ病親和的な存在構造のいずれとも対立排除しあうものではなく、むしろその両者にとって或る意味では構成的ですらある」[78]（傍点近藤）と考えている。小田の言うように、オネイロイド・パーソナリティが、宗教的創造性の酵母であったように、側頭葉てんかん的存在契機は、霊的人間誕生の助産婦であったのではないか、ということである。

異形の曼荼羅

空海の曼荼羅に関連して、最後に、熊楠の曼荼羅にまつわる謎をかたづけておこう。第三次ブームに入って南方学の頂点として称揚される南方曼荼羅についての人間学的アプローチをこころみて、熊楠という謎をさぐる終着駅としたい。

南方は、那智山での瞑想のなかで、かれの曼荼羅を土宜法竜にあてて示している。胎蔵界大日中にある金剛大日の「心」の一部が滅することによって「物」を流出《エマネート》させ、その物（客体）に心（主体）がはたらきかけて「事」（南方は、一例として数学をあげているのだけれど[79]、たとえば、ランガージュとしてみよう）を現成させる力動のなかで、縁（介入する条件）がさまざまな偶然性の触媒的機能を因果関係に発揮して、多彩な名（すなわち、ラング）[80]と印（したがって、パロール）をのこす、というエピステーメーを構築して、それを図に示すのである（図１）[81]。

そのまえに熊楠は、のちに鶴見和子[82]によって南方曼荼羅とよばれることになるものを図示して、つぎのように解説していた（図2）[83]。

これらの諸不思議は、不思議と称するものの、大いに大日如来の大不思議と異にして、法則だに立たんには、必ず人智にて知りうるものと思考す。さて妙なことは、この世間宇宙は、天は理なりといえるごとく（理はすじみち）、図のごとく（図は平面にしか画きえず。実は長《たけ》、幅の外に、厚さもある立体のものと見よ）、前後左右上下、いずれの方よりも事理が透徹して、この宇宙を成す。その数無尽なり。故にどこ一つとりても、それを敷衍《ふえん》追究するときは、いかな

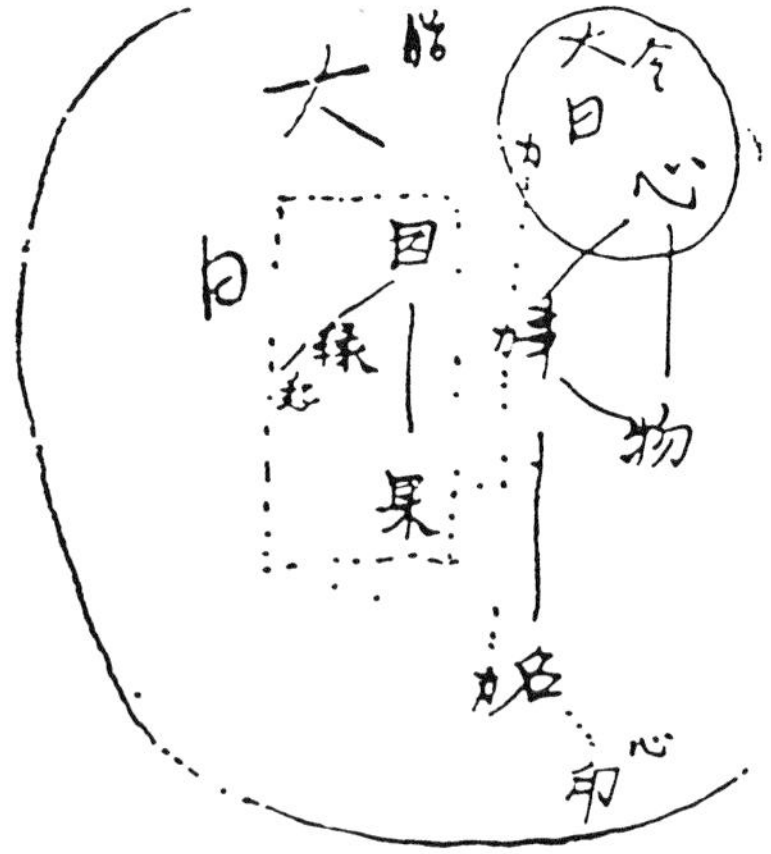

図1　南方が土宜法竜に書き送ったもの．胎蔵の大日如来の法身からの万有の生成が語られている．

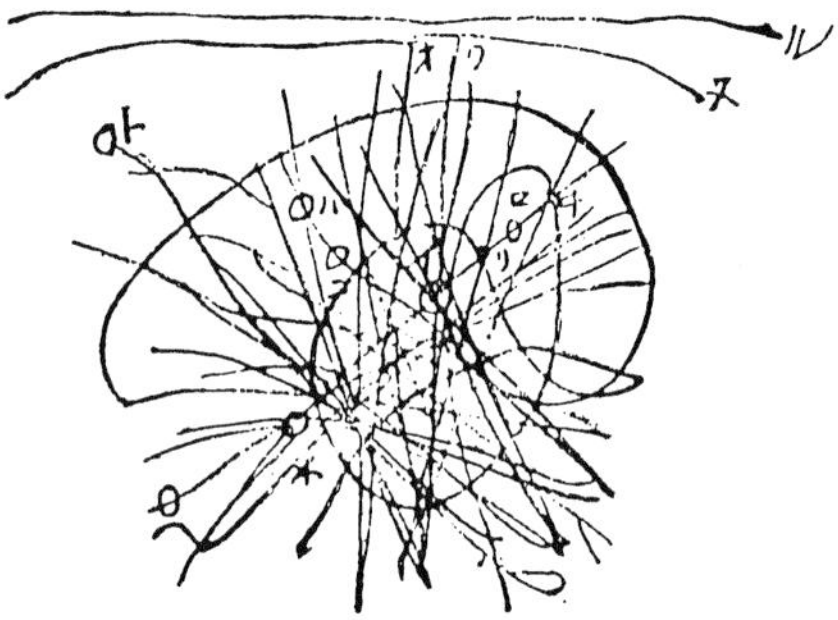

図2　鶴見和子が南方曼荼羅としたもの．南方はこの図を認識の論理図として示している．

ることをも見出だし、いかなることをもなしうるようになっておる[84]。

この図そのものを熊楠が曼荼羅とよんだのではないが、鶴見のいうこの曼荼羅を熊楠の曼荼羅と、ひとまずは、みなしておこう。

この図は、人間学的観点に立つとき、ひじょうに興味ぶかいことを語ってくれる。

ほんらい曼荼羅は、世界の真理や宇宙の本質の象徴として具象化、視覚化されたものであるから、常識的には、図像学的に高度に均整のとれたもののはずである。なぜなら、どんな宗教でも、宇宙の秩序は調和にみち、均整のとれた、歪みのない姿として象徴化されるであろうからである。真言密教の曼荼羅も、チベット左道密教のそれも、また、ユングのえがく曼荼羅も、幾何学的均整のうえにすぐれて安定的な構造を示しており、その点では例外がない。神道の世界と習合して誕生した春日大社や熊野曼荼羅に代表される垂迹《すいじゃく》ものですら、それなりに図像学的安定性のなかにあるのに、なぜ、ひとり鶴見の南方曼荼羅だけがこのように異形なのだろうか。

わが国に曼荼羅を招来した空海は、その「御請来目録」で、

密蔵深玄翰墨難載　更仮図画開示不悟　種種威儀種種印契　出自大悲一覩成仏　経疏秘略載之図像[85]

と述べる。胎蔵・金剛の二蔵は深幻であるので、言葉や文章であらわすことはむつかしい。「離言《ごん》説《ぜつ》」[86]なのだ。だから、図画や図像にすることによって、「密蔵ノ要実ハココニツナガレリ[87]」。つまり、伝法と受法もこのようにして「図像」を介しておこなわれるのだ、と解説している。また、『秘密

曼荼羅十住心論』の「帰敬《ききょう》の偈《げ》(88)」では、曼荼羅についてのアルカイックで象徴的な記述をのこしている。津田真一による意訳を転写する。

……(絵に画き、)塑像・鋳像・彫像に造って、(それらをその曼荼羅的配列に従ってそれぞれの尊に特定されている業《ごう》、すなわち)行為・動作をもって(表現すれば、それが羯摩《かつま》曼荼羅……(89)

この解説によっても、曼荼羅とは、絵画であり、塑像であり、彫刻であるが、それらによって表現される心理的内容の凝縮されたイマージュであるということであろう。つまり、宗教表象《イマージュ》と霊的啓示とが対応する記号《シーニュ》(90)ということである。観想(瞑想、または瑜伽といってもよい)を行じることで、複雑に分枝し、結合し、重層する阿頼耶識の深みをゆるがせて、表層意識に駆けあがってくる法悦的な情動をともなった霊的内体験の心的イマージュを、密教神学の規範にのせて図像化し、視覚化したものが曼荼羅であろう。

鶴見が曼荼羅とよぶものは、渦巻き、屈曲し、無定向にながれる、もつれた糸のような曲線や直線からできている。もし、これらの線条を、鶴見のいうように、熊楠が曼荼羅としてイメージしたとすると、熊楠はかれの帰依する密教の曼荼羅の図像学をまったく無視して、類例のない、おのれだけの異形の曼荼羅を創造したことになる。南方は、おのれの阿頼耶識から浮揚する熊楠宇宙の構造を、熊楠神学の規範にしたがってあのような異形に図像化して、視覚化したことになる。

われわれは、ここでまた、ゴッホの絵画について考える。

人間学的精神病理学の目で見なおしてみるとき、ゴッホの晩年の絵は、「波打つ線の繰り返しが、糸杉やひまわりや空などの題材を通して荒々しいタッチで描かれ、画面全体をうずめつくしている。彼の作品にみられる蛇行線は、まぎれもなくてんかん者の絵画にも共通するものである」[91]。松橋俊夫は、精神病理学的事実をふまえて、そう指摘する。さらに、ゴッホのこのような波打つ線・蛇行的流動性のタッチは、「方向を定めて目的へ向かう動きではない。ある点からある点へと移動する動きではなく、また変化や進展を意味する動きでもない。それはむしろ渦巻き、漂い、うねる波の動きにも似た動きであり、ある状況の枠の内で無方向的な動揺と波動を示す動き[92]」として、ゴッホの人格構造の一つの契機であるかれの内なる精神の力動に由来していた、と松橋は見る。

徳田良仁もゴッホの末期の絵画の特徴として、空間のリーマン的変容や物体の「うねり」、蛇線状・渦巻状特性を指摘したうえで、「相互に蛇行する巨大な線状で融合する状況は、発作の前兆か、発作直前の意識の薄れ行く状況の中での視覚的異常体験の反映と関連しているのではないかと想定[93]」している。

てんかん親和的人格構造に内在する蛇行的・渦巻的流動性は、動きのなかにあるときに、精神の安定を保証する状況をうむので、熊楠のあの根源的漂泊性を説明するのにも、この説はつごうがよい。一方、てんかん者やその家系の男性血縁者では、陸上運輸ならびに非陸上運輸に従事する人が、推計学的にも、有意におおいという調査結果がある[94]。〈動きの中にあること〉への内面的傾斜が、職業選択にまで影響を及ぼしていると見られ、同様の傾向は外国でも報告例があるという[95]。

鶴見のいう南方曼荼羅は、紛うかたなく、この内面の蛇行流動性が反映されたものである。かれが、物、心、事、縁、名、印の織りなす世界《まんだら》の記号《シーニュ》を具象化するときに規範としたものは、幾何学的模様としての静的な伝統的図像学ではなく、渦巻き、流動し、あくまでも〈動きのさなか〉にある、かれの内面の神学でなければならなかったのだ。

そして、その神学の規範には、かれの粘菌学が深くかかわっていたと思われる。

南方は、ながい粘菌研究の年月、かたときも顕微鏡を手もとからはなすことはなかった。かれは、粘菌を検鏡しながら、同時にいろいろな幻影を見ていたし、(96)粘菌のライフ・サイクルのなかに、生と死のはざまを観想していた。(97)

粘菌は、そのライフ・サイクルのなかで、死と再生の儀式をくりかえす。それを観察することは、かれの神秘体験の一部ですらあったろう。熊楠は、大宇宙の大宇宙のそれをまた包蔵する大宇宙を、要するに曼荼羅の萃点《すいてん》にある大日の法身さえも、一台の顕微鏡を媒介として、観ていたのだ。

大乗は望みあり。何となれば、大日に帰して、無尽無究の大宇宙の大宇宙のまだ大宇宙を包蔵する大宇宙を、たとえば顕微鏡一台買うてだに一生見て楽しむところ尽きず、そのごとく楽しむところ尽きざればなり。涅槃というは、消極性の詞なり。すでにこの世にあいて涅槃をのぞむ。(98)

彼岸に涅槃を希求するのは消極論だ、顕微鏡一台あれば涅槃はこの世にある、という法悦の境地に入る熊楠であった。このとき、熊楠は変態する粘菌にみちびかれて、大宇宙と、大日の法身と、ほとんど融合していたにちがいない。熊楠流の即身成仏、神秘的合一の世界であった。

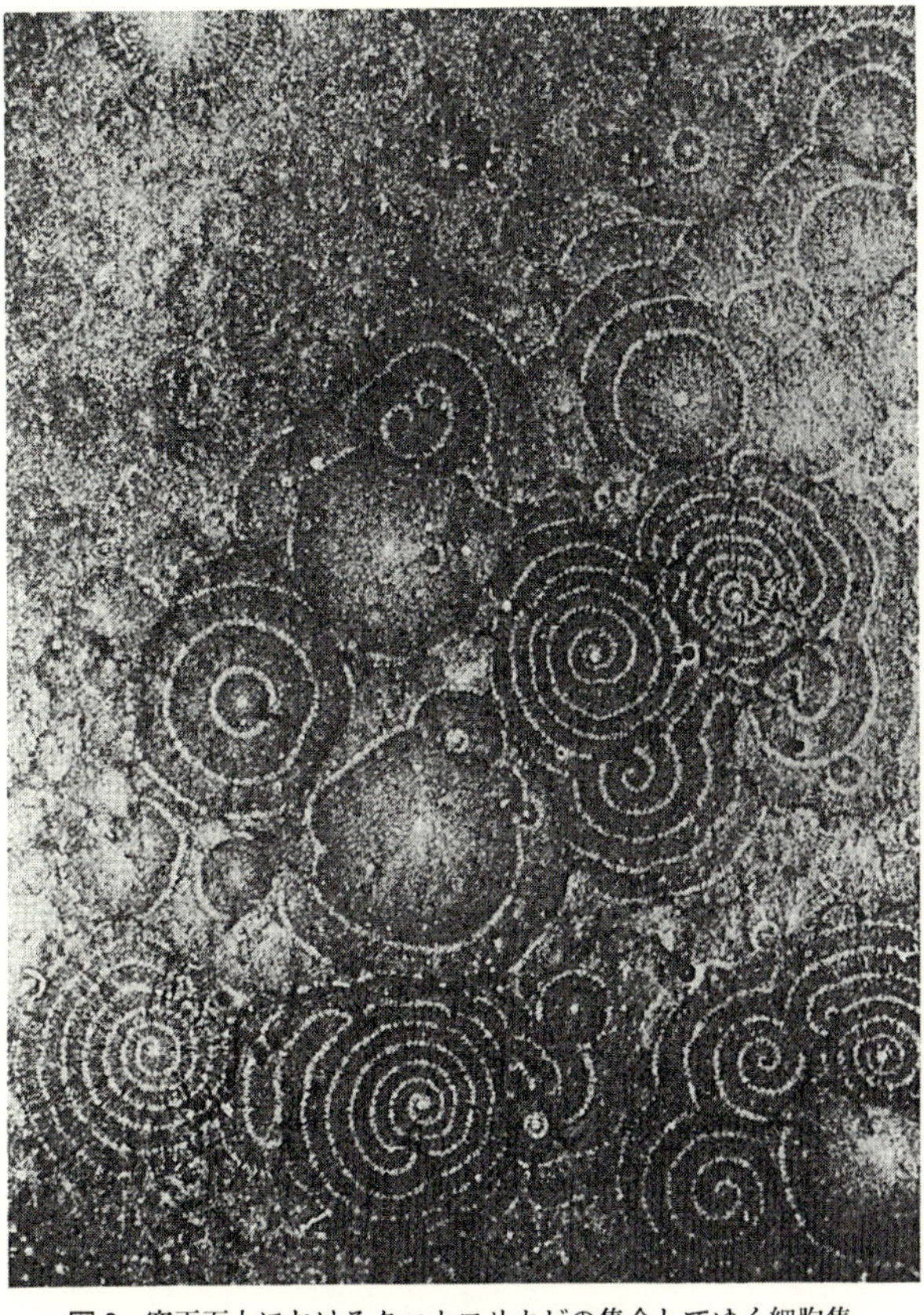

図 3 寒天面上におけるタマホコリカビの集合してゆく細胞集団が描く，同心円状波および螺旋状波.

だから、郷間秀夫が、「粘菌を培養中に顕微鏡の視野に映る遊走子の運動を観察していると、その軌跡は何と驚いたことに、あの南方曼陀羅と一致するではないか[99]」というとき、粘菌の遊走子の渦巻き、漂い、うねる波の運動パターンの波長が、熊楠の阿頼耶識に深く刻みこまれた実存の波動性と共鳴したので、曼荼羅を図像化するときの規範のプロトタイプとして、粘菌遊走子の軌跡が選ばれたのだとしても、真実から遠くはなれることはないだろう。なにぶん神秘家熊楠は、粘菌遊走子の運動に涅槃を見ていたのだから。

ところで、粘菌の遊走子の運動パターンに注目したひとりのノーベル賞学者がいた。それは、イリア・プリゴジンそのひとである。新しい科学パラダイムとして〈散逸構造理論〉を提唱するプリゴジンは、生物の単細胞段階から多細胞段階への移行をしめす〈相転移現象〉の例として、粘菌の一種「タマホコリカビ」の遊走子（かれは、単細胞アメーバとよんでいるが）の軌跡の自己触媒的に、自己組織的にえがいていく絵模様（図3[101]）が、たがいに干渉しあう同心円状および螺旋状の複雑な波形を織りなし、そのパターンは、物理化学的（かれは、非一様系におけるベルーソフ・ジャボチンスキー反応（BZ反応）を例にあげる）な〈相転移〉のときに自然の〈複雑性〉がかいまみせる螺旋模様（図4[102]）と酷似することを示した。このBZ反応のつくる模様や粘菌の遊走子のえがく軌跡図こそ、物理化学界と生物界をつらぬく自然の普遍性がうみだした曼荼羅にほかならない。プリゴジンたちは、この螺旋形の曼荼羅に、物質が化学変化するときや生物が相転移するときの空間的自己組織化の基本的パターン／非平衡系の進化の普遍的イメージを見ているのだ。

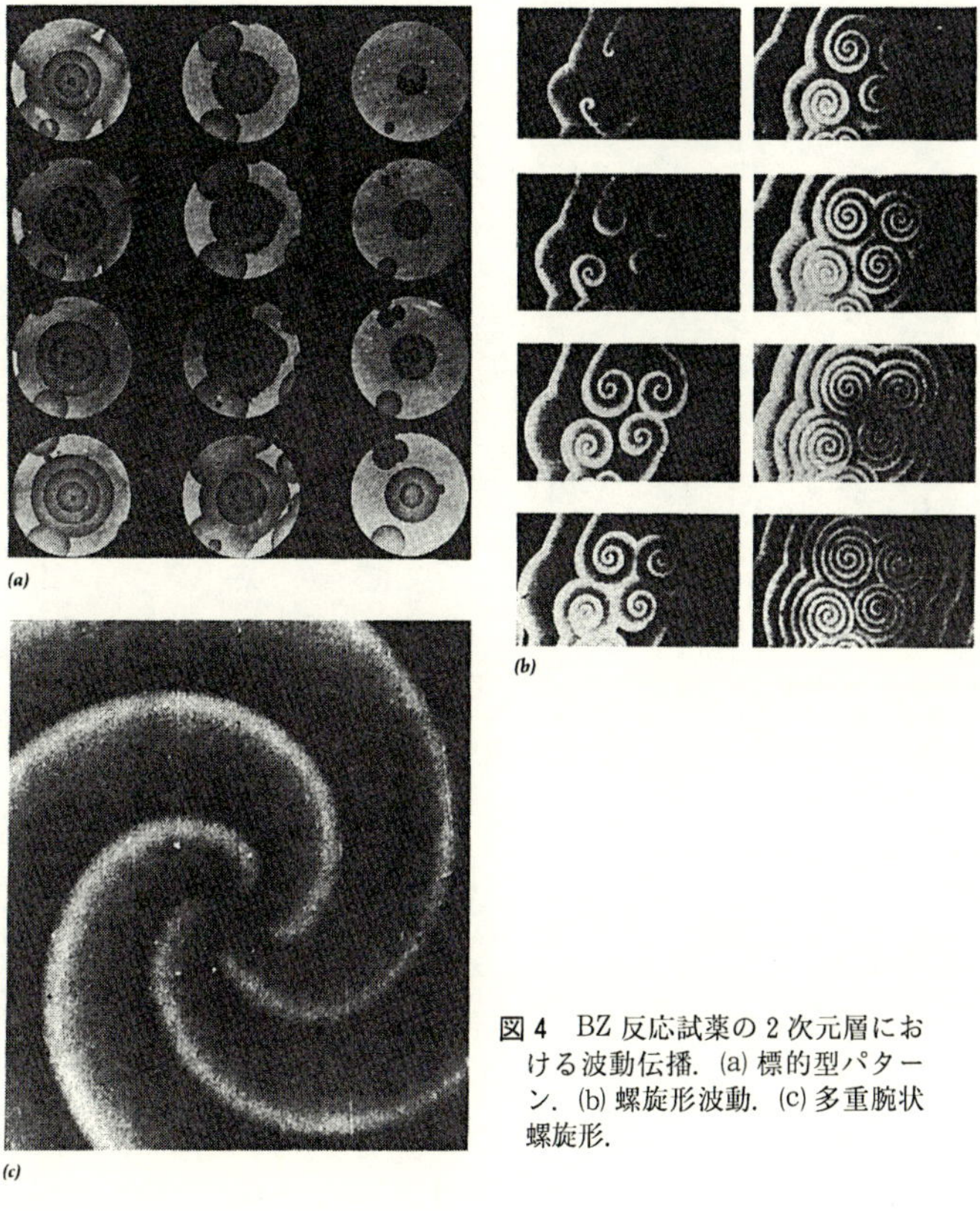

図 4　BZ 反応試薬の 2 次元層における波動伝播．(a) 標的型パターン．(b) 螺旋形波動．(c) 多重腕状螺旋形．

話はもとにもどって、熊楠の曼荼羅については、当然ながら別の見解もある。密教学からは自由な立場にある鶴見の曼荼羅とは異なるものを、密教の伝統的図像学にのっとって、真言僧の環栄賢が「意形《いぎょう》マンダラ」として再構築している(103)。その出発点となっている熊楠の初原的イメージは、土宜あて書簡にある図1(104)である。脱伝統的興味としては、鶴見曼荼羅も新鮮でそれなりにおもしろいけれど、やはり常識的には、南方曼荼羅は別のところにあるのだろう。

ところが、熊楠自身は、弘法大師が招来したとはいえ、現図曼荼羅のような図像曼荼羅などは方便の「ほら」のようなものにすぎないと考えていたことに、われわれはあらためて驚倒させられる。かれが、「この世界のことは決して不二ならず。森羅万象すなわち曼陀羅なり(105)」というとき、かれは、ヴェーダーンタの不二一元論的な存在論・認識論としての思想的、熊楠流にいえば事理(理論)的ですらある自性の曼荼羅しか念頭になかった。だから、空海の現図曼荼羅などは「芝居の番付のようだ」と悪態をついたあとで、つぎのような過激なことばを土宜にあててなげつける。

その曼陀羅の繁冗にして怪奇千万、ほとんどほら吹けるだけのあるまじき形を集めたるは、実におかしさ余りて口も開けぬなり。余はかかるものの伝統をいうにあらず。かかるものに誤られし秘法の正真のところの伝統をいうなり(106)。

熊楠の曼荼羅観がこのようなものである以上、あの目くるめく異形の曼荼羅が、やはり熊楠密教の曼荼羅であったのかもしれない。

けれども、これを熊楠曼荼羅として見ると、中心がないという点でも異形である。本地垂迹曼茶羅はともかく、現図曼荼羅には、大日如来という中心があるのだが、熊楠の曼荼羅には、どうみても究極の〈萃点〉がない。熊楠の存在論、認識論の中心に位置する〈完全な認識〉を象徴する萃点がみあたらない。熊楠曼荼羅の交錯する、あるいは近接する、曲線、直線のかずかずがすべて集中する焦点がないのだ。

それは、そのはずである。熊楠はつぎのように言っていたのだ。「これらの諸不思議は、不思議と称するものの、大いに大日如来の大不思議と異にして」と言って、図2を示していたのである。もともと、大日如来の大不思議は、この法則（論理）図だけでは接近できないものであったのだ。この宇宙論理図では、最初から大不思議は除外してあるのだから、全宇宙の事理を統合する究極の一点、〈大不思議〉の萃点を欠いていたのは当然ということになる。

とすると、鶴見が南方曼荼羅とよんだこの線条の集合は、大不思議が中央に位置する本来の曼荼羅の周辺を飾る諸仏の一つとして見るのがよいのかもしれない。

エピローグ

人間理解をすすめるために

すべてが神的であるとともに
すべてが人間的である
――ヒポクラテス(1)

南方熊楠についての人間学の試みは、あまりにも巨人の陰の部分に、精神病理的な面に、光をあててきたとして、ご不満の読者も多いのではないかと思う。また、複雑な人間の精神や行動を、単純な類型や疾病の枠でわりきってしまうことに疑問を感じたかたもあると思われる。それは、もっともなことなので、最後に、われわれがそうよんできた〈人間学〉の周辺について、いまいちど考えておく必要があるだろう。とくに、てんかん者の人間学については、つぎのような要請があるからである。

それはそれでもちろん論理的根拠があるのだが、てんかんの治療と研究はいまや、精神病理学者の手をはなれて、おもに神経学者や脳神経外科医にゆだねられるようになった。その結果、てんかん性存在契機における精神病理学的な検討がなおざりにされるという世界的な傾向がうまれた(2)。日本の精神病理学者たちが、てんかん者の精神病理学と、非てんかん者におけるてんかん親和的構造を〈てんかんの人間学〉として追求する学問の必要性を主張したのも、そのような背景からであった。

また、いままでの精神病理学者の多くは、てんかん的存在契機が、学問や芸術の創造性にはネガティブにしかはたらかない、とみなしてきた。しかし、てんかんの人間学の立場に立って、われわれがこれまで見てきたように、側頭葉てんかん的存在契機にこそ、非てんかん者においても、さらに、人間存在の気質特性のいかんをとわず、宗教者やある種の芸術家の誕生を実存的にうながす力が存在するのではないか、と考えられるのである。

さて、人間の性格とか気質とかよばれるものに類型をあたえる作業は、古くはギリシャ時代からこころみられてきた。それは、人間存在の構造を理解しようとするとき、いくつかの典範からの距離を勘案することで、より正確に、しかも共通のスタンダードで評価できるという実利的な利点があるからであった。そのさいに拠りどころとなるものは、気質の極限としての疾病をあつかう精神病理学が提出する基準であろう。この意味で人間学では、すべての人間精神の基本構造に、疾病性カテゴリーの存在論的構造契機を前提とすることを避けることができないのである。

今世紀の二〇年代のはじめに、C・G・ユング、E・クレッチュマー、ヘルマン・ロールシャッハなどが、あいついで人格の類型の体系を提唱した。そのなかでも、さきに紹介したクレッチュマーの体型類型をふくむ気質論は、古いものではあるけれど、現代の精神科医のあたまの片隅にあって、いまだにその光をうしなっていない。かれは、分裂気質、循環気質(躁うつ気質)と粘着気質の三大気質に分類したのだが、先にも述べたように、かれの粘着気質はやや不完全な概念であったゆえに、分裂気質と循環気質を二つの代表的気質として確立したことが、クレッチュマーの功績であるとされている。てんかんに代表される第三の気質は、ミンコフスカによって、類てんかん気質として彫琢されて完成をみたのであった。[3]

分裂と循環の両気質については、ほぼ正常な人格から病的なものまでの幅広いスペクトルが想定されている。その一方の端はほとんど正常とみられる人格が、その反対の極は、それぞれの疾病に罹患した患者にかぎりなく近いグループが占めるのだが、疾病に近いグループのばあいは、分裂病質、躁うつ病質とよばれるのが通例である。また、病質よりもニュアンスのうえで病理性の希薄な気質とか性格という用語もあって、分裂気質または分裂性格とか、躁うつ気質または躁うつ性格として使用される。

ところが、類てんかん質という第三のカテゴリーは、分裂気質や循環気質とは異なり、「かなり病的なものだけをさしていて、正常者群までを包括できず、従って、分裂、循環に相対《あいたい》する第三の大領域としては不釣りあいな狭さ[4]」をかこってきた。そのために、「『類てんかん気質』というだけでは『分裂気質』とも『循環気質』ともいえないような正常者のかなりの部分を覆うことが出来ず、従ってそこが分類からはみ出してしまう[5]」。この難点を克服するために、てんかん親和的人格構造とか中心気質という修飾概念が、木村敏や安永浩らによってわが国では提唱されていて、それらは、本書でも引用してきたところである。

このようにして、いちおう分裂、循環、中心と三大気質類型がそろえられて、人間存在構造の正から狂にわたる広範なスペクトラムをカバーすることができるようになった、といってよいだろう。したがって、伝記、評伝のような人間洞察学においては、気質論を好むと好まざるとにかかわらず、それをまったく無視するわけにはいかないのではないか。気質論とまではいわなくても、すくなくとも人間学的視点を欠くことはできないだろう。とりわけ、南方熊楠やドストエフスキーやゴッホのように、心理学的原記録が豊富に残されているばあいには。

すでに見てきたように、最近わが国に紹介された欧米のゴッホ伝を読むとき、ゴッホの精神病理の力動が詳細に分析されていて、評伝における人間学的立場の確立をみてとることができる。「外国におけるように、文学者や科学史家たちが精神分析学なり精神病理学なりをマスターして、彼らの固有の対象に切り込んで欲しいと思う(6)」と福島章が述懐してすでに久しい。

注

プロローグ

(1) カール・ヤスパース『ストリンドベルクとファン・ゴッホ』村上仁訳、みすず書房、一九五九年、二一二頁。
(2) 桑原武夫「南方熊楠の学風」、飯倉照平・長谷川興蔵編『南方熊楠百話』八坂書房、一九九一年、三九四―三九六頁。
(3) 益田勝実「野の遺賢」、飯倉照平編『南方熊楠 人と思想』平凡社、一九七四年、三一―三二頁。
(4) 岩村忍「南方熊楠全集の刊行にあたって」『南方熊楠全集 1』平凡社、一九七一年、iv頁。＊以下、『南方熊楠全集』(全10巻・別巻2、一九七一―七五年)は『全集』と略記する。
(5) 渋沢龍彦「悦ばしき知恵あるいは南方熊楠について」『南方熊楠百話』五一頁。
(6) 山折哲雄「南方熊楠の方法なき方法」『現代詩手帖』一九八七年七月号、一〇五頁。
(7) 松居竜五『南方熊楠 一切智の夢』朝日選書、一九九一年、一〇二頁。
(8) 鶴見和子『南方曼陀羅論』八坂書房、一九九二年、四〇頁。いわゆる「相補性」解釈は、アインシュタインの鋭い批判にさらされつづけたもので、もちろんニールス・ボーアを中心としたコペンハーゲン学派のものである。アインシュタインその人は、相補性や不確定性原理につよく反発して、「ハイゼンベルク・ボーアの鎮静剤《きやすめ》哲学――あるいは宗教?」とさえ論難していたのだった(アルバート・アインシュタイン「シュレーディンガー宛書簡」、カール・プルチブラム編『波動力学形成史』江波洋訳、みすず書房、一九八二年、三三頁)。

(9) 鶴見和子『南方曼陀羅論』四〇頁。

(10) 鶴見和子「萃点に立つ熊楠」『現代思想』一九九二年七月号、四七頁。

(11) 中沢新一・長谷川興蔵対談『新文芸読本 南方熊楠』河出書房新社、一九九三年、二一三頁。

(12) カルメン・E・ブラッカー「南方熊楠 無視されてきた日本の天才」『南方熊楠百話』八坂書房、一九九一年、四五〇頁。

(13) 津本一郎「夏目漱石と南方熊楠」『病跡学会雑誌』6号、一九七三年、四三―四四頁。津本一郎・東雄司「南方熊楠における異常体験の病跡学的考察」『病跡学会雑誌』5号、一九七三年、二二―二九頁。これらの論文のなかで、津本らは、熊楠を、疑問符つきながら、広義の精神分裂病、paraphrenia のようなものとしている。

(14) 小田晋「空海と明恵―夢幻様人格について」『現代のエスプリ』177号、一九八二年、一三二―一三八頁。

(15) エルンスト・クレッチュマー『天才の心理学』内村祐之訳、岩波文庫、一九八二年、五頁。

(16) Paul D. McLean, *The Triune Brain in Evolution*, Plenum Press, 1990, pp. 6-7.

(17) Paul D. McLean, ibid., p. 423.

第一章

(1) 「明治十八年九月試験成績表」『南方熊楠百話』二〇―二二頁。

(2) 『全集10』二八頁。

(3) 長谷川興蔵「年譜」『全集 別巻2』二六一頁。松居竜五も『南方熊楠日記』全4巻、八坂書房、一九八七―八九年、を根拠にして、南方はハバナ以外には出ていないとしている(松居竜五「フロリダ・キューバ」『南方熊楠を知る事典』講談社現代新書、一九九三年、一一一頁）。＊以下『南方熊楠日記』は『日記』と略記する。
（4）『全集7』六六頁。
（5）園田確堂「送南方熊楠氏遊米国」『南方熊楠百話』二五頁。長谷川も「熊楠の父が渡米を許可したのは、商業のような実用の学の習得が条件だったことは、想像にかたくない」としている（長谷川興蔵「『珍事評論』の撃つもの」『現代思想』一九九二年七月号、一九六頁）。
（6）『全集9』口絵写真四頁。
（7）同右書、二三頁。
（8）『全集10』三五頁。
（9）『全集 別巻1』三五頁。
（10）新井勝紘「南方熊楠の在米時代」『南方熊楠百話』二七―三八頁。
（11）笠井清『南方熊楠外伝』吉川弘文館、一九八六年、四三―四四頁。長谷川興蔵は、南方の日記帳に、明治二十三年の徴兵令改正の官報の切り抜きがはさまれているのを指摘している。仁科悟朗もまた徴兵忌避説を重視している（仁科悟朗『南方熊楠の生涯』新人物往来社、一九九四年、五一―五八頁）。
（12）「自覚症ノ者ハ（狂病）癲癇等ヲ記入ス」という規定を盛った「徴兵取調方心得」が和歌山県令から郡区役所、戸長役場へ通達された（『南方熊楠の生涯』五二頁）。
（13）中瀬喜陽「夢の巨人 南方熊楠」、谷川健一・中瀬喜陽・南方文枝『素顔の南方熊楠』朝日文庫、一九九四年、一九頁。熊楠のこの姿に、かれのミリタリズムを読むべきではない。かれは、ただ単に、男としての強さを誇示したかっただけだ。
（14）笠井清『南方熊楠外伝』二六頁。
（15）『全集10』二八頁。
（16）『日記1』九二頁。一八八六年十月二十三日「本日病気に付、会を延引す」とある。十月二十日「本日より四日間、和歌山新聞に送別会の広告」とあり、その四日目が予定日であったが、二十六日に延引されている。

(17)『全集7』八八頁。

(18)神坂次郎「熊楠伝説・断章」、荒俣宏・環栄賢編『南方熊楠の図譜』青弓社、一九九一年、二〇六頁。この神坂の指摘は、南方文枝の「お酒に酔ってホラを吹いたのではないですか」(南方文枝『父南方熊楠を語る』日本エディタースクール出版部、一九八一年、五七頁)という発言によっていると思われる。

(19)『全集8』三六三頁。

(20)杉村武「浦島太郎の亀」『全集』月報3、三頁。

(21)『全集8』三六三頁。

(22)『全集7』二四〇頁。

(23)長谷川興蔵「喜多福武三郎宛書簡について――在米時代の一未公刊史料」『日記』月報1、三頁。

(24)ミハエル・ミハエロヴィッチ・バフチン『ドストエフスキイ論』新谷敬三郎訳、冬樹社、一九七四年、一六〇―一七一頁。

(25)木村敏「てんかんの人間学」、秋元波留夫・山内俊雄編『てんかん学』岩崎学術出版社、一九八四年、五六三―五六四頁。

(26)『日記1』二六七頁。

(27)長谷川興蔵「『珍事評論』の撃つもの」『現代思想』一九九二年七月号、二〇四頁。

(28)松居竜五「アンナーバー」『南方熊楠を知る事典』一一一頁。

(29)Norman Geshwind, Pathogenesis of Behavior Change in Temporal Lobe Epilepsy, *Epilepsy*, edited by A. A. Ward, Jr., J. K. Penry, and D. Purpura, Raven Press, New York, 1983, p. 362.

(30)『全集7』二三九―二四〇頁。

(31)「漂泊の想い」という言葉を小笠原謙三も使用している(南方熊楠『竹馬の友へ 小笠原誉至夫宛書簡』長谷

川興蔵・小笠原謙三編、八坂書房、一九九三年、一二九頁)。

(32) 『全集8』六二一―六二三頁。なお、ここでいう外国とは、孫文の広州であったのかもしれない。明治四十四年十一月十二日の柳田あて書簡にはつぎのように書かれている。「小生、孫逸仙と約束あり、かの人の事成らば広州の羅浮山を天下の植物園とすることにかかることに候。何とか早くかの人位置少々でも堅まり次第、瑣末なる紛擾を放棄してかの国へ渡りたく存じおり候」(『全集8』二三九頁)。あるいは、米国が熊楠の念頭にあったのかもしれない。明治四十二年には、米国農務省植物興産局生理学主任ウォルター・T・スウィングルから招待状がとどいており(『日記3』二九八頁)、その翌年、神社合祀反対の暴力事件をおこして収監される直前まで渡米の準備をしていた(『全集 別巻2』二七二頁)からである。

(33) 精神病理学的には、このような突然の情動のゆらぎは、観念発作や感情発作などを想起させる(風祭元・菅野道「てんかんの臨床像I 発作症状(1)」『てんかん学』八〇頁)。

(34) Paul D. McLean, op. cit., p. 12.

(35) 『全集7』四七一頁。

(36) 『全集8』二五七頁。

(37) 南方熊楠「〈未発表書簡〉高飛せんと存居候……」『新潮』一九九〇年八月号、一八七頁。

(38) 式場隆三郎『ファン・ゴッホ』日本書房、一九六〇年、二六一頁。

(39) 松枝到「写字生熊楠―南方熊楠の〈読書〉をめぐって」『現代思想』一九九二年七月号、一二二―一二九頁。

(40) 『日記4』三三―三二一頁。

(41) 笠井清『南方熊楠』吉川弘文館、一九六七年、一九八―一九九頁。

(42) 月川和雄・松居竜五「南方熊楠ロンドン抜書目録」『現代思想』一九九二年七月号、i―xvi頁。

(43) 同右書、ii頁。

(44) 『全集7』七頁。だが、「和漢三才図会」の写本は抄写であったようだ(南方熊楠「三田村鳶魚宛書簡」、飯

倉照平・原田健一編『岳父・南方熊楠』平凡社、一九九五年、一二〇頁)。

(45) 小田晋「空海と明恵―夢幻様人格について」『現代のエスプリ』177号、一二五―一三八頁。エーリッヒ・イェンシュは、その気質類型論で、直観像素質を一つの気質要素としているのだが、この素質は、十一歳から十五歳のこどもにとくにしばしば見られるという(フーベルト・ローラッヘル『性格学入門』宮本忠雄訳、みすず書房、一九六六年、八九頁)。

(46) 小田晋『狂気・信仰・犯罪』弘文堂、一九八〇年、二五六頁。

(47) 入矢義高「南方熊楠と仏教」『全集7』五九六頁。

(48) 『全集8』三一頁。笠井清『南方熊楠』二〇―二七頁。

(49) 笠井清『南方熊楠』二六―二七頁。

(50) 『日記2』三四一頁。

(51) 渋沢栄一「南方熊楠全集上梓のいきさつ」『南方熊楠百話』二六六頁。

(52) 荒俣宏「収集神の大法螺」同右書、四七〇頁。

(53) 牧野富太郎「南方熊楠翁の事ども」同右書、三〇九―三一三頁。南方は、『植物学雑誌』に一編の論文と三編の粘菌類目録を掲載している(『全集5』五九五―六一九頁、六二二―六二八頁)。

(54) 郷間秀夫「幻の熊楠粘菌学とその謎」『現代思想』一九九二年七月号、八八―一〇二頁。

(55) グリエルマ・リスター「日本産粘菌について」『南方熊楠百話』二九一頁。萩原博光によれば、もう一種類の南方発見の粘菌新種があるとしてよさそうだ(「博物学者南方熊楠ときのこ」『南方熊楠百話』三三三頁)。

(56) 山本幸憲「南方熊楠の粘菌研究」同右書、三〇二頁。

(57) 同右書、二九九頁。

(58) 萩原博光「博物学者南方熊楠ときのこ」同右書、三三一頁。

(59) 同右書、三三一―三三二頁。

(60) 山本幸憲「南方熊楠の粘菌研究」同右書、では、一九一三年の『植物学雑誌』の熊楠の論文が「訂正本邦産粘菌目録」となっているが、郷間秀夫の論文では「訂正」の文字がない。『全集5』によると、三編の粘菌論文が『植物学雑誌』に掲載されているので、一九一三年の論文をくわえると、熊楠は『植物学雑誌』に四編の論文をだしているのだろう。
(61) 『全集9』五一三頁にも「小生は生来脳力がへんな男なるも、いろいろとみずから修練して発狂には至らざりし」と述べている。白井は東京大学教授、専門は植物学。
(62) 徳田良仁「パトグラフィーと芸術療法」『臨床精神医学』8巻1号、一九七九年、五一—五九頁。
(63) 『全集8』二一一頁。
(64) 小林秀雄『ゴッホの手紙』新潮社、一九五二年、一八〇頁。この小林の評伝や、最近の資料を駆使して書かれたゴッホ伝(デイヴィッド・スイートマン『ゴッホ』野中邦子訳、文藝春秋、一九九〇年。パスカル・ボナフー『ゴッホ』高橋敬訳、創元社、一九九〇年)を見るとき、ビンセント・ファン・ゴッホと南方とのあいだに見られる顕著な類似性にあらためて一驚させられる。
(65) P・ボナフー『ゴッホ』一一二頁。
(66) 『全集 別巻1』三一二頁。
(67) C・E・ブラッカー「南方熊楠 無視されてきた日本の天才」『南方熊楠百話』四六〇頁。

第二章

(1) E・クレッチュマー『天才の心理学』一六頁。
(2) 岩村忍「南方熊楠全集の刊行にあたって」『全集1』iv頁。
(3) 岩村忍「南方熊楠の英文著作」『全集10』四二一頁。同じような見解を、杉村武に見ることができる(杉村武「南方翁と日照権」『全集6』六〇二—六〇三頁)。

（4）大江健三郎『小説の方法』同時代ライブラリー、岩波書店、一九九三年、四九―七三頁。
（5）熊楠もなじみ深いビュフォンは、形質の差異によるリンネの分類を批判して、ド・ジュシューにはじまりキュヴィエにいたる類型分類への道をひらいたとされている。また、ビュフォンは、動物の種は時間的に変わりうると考え、動物の分類に時間の矢を導入したラマルクの先駆的役割をはたした（吉田政幸『分類学からの出発』中公新書、一九九三年、七七―八〇頁）。ビュフォンといえば、荒俣宏は、かれに関連して、見事な収集家としての熊楠論を展開している（「収集神の大法螺」『南方熊楠百話』四六一―四七一頁）。
（6）中村明『日本語の文体』岩波書店、一九九三年、八八―八九頁。
（7）『全集7』二六頁。
（8）『全集8』一六六頁。
（9）同右書、一七〇頁。
（10）同右書、一六四頁。
（11）小林武「言語としての南方熊楠」『現代思想』一九九二年七月号、七二頁。
（12）『全集8』四三九頁。
（13）三つの文体 style が、三つの個別言語 idiolecte を使用して、一つの総体である南方学という ecriture を構成する。エクリチュールについては、たとえば、ロラン・バルト『零度のエクリチュール』渡辺淳・沢村昂一訳、みすず書房、一九七一年、を参照。普通の言語学では個人言語と了解されているイディオレクトについては、同書の一〇八―一〇九頁を参照。もっとも、失語症患者以外には、個人言語をみとめない立場もある（ロマーン・ヤーコブソン『一般言語学』川本茂雄監修、田村すず子・村崎恭子・長嶋善郎・中野直子訳、みすず書房、一九七三年、三二―三三頁）。R・バルトは、歴史的、社会的、経済的、階級的「囲み」のなかのエクリチュール論を展開しているのだが、われわれは、熊楠という弧の囲みのなかでのエクリチュールを扱っている。そのなかで、三人の熊楠が、英文、和文、書簡という三つの単声部をもちいて、独話し、時に会話するのである。

(14) M・M・バフチン『ドストエフスキイ論』一一頁。
(15) 同右書、一三頁。
(16) 荻野恒一『ドストエフスキー』パトグラフィー双書6、金剛出版、一九七〇年。村田忠良「てんかんの病跡学」『てんかん学』五七四―五八〇頁。加賀乙彦『ドストエフスキイ』中公新書、一九七三年、六三―一〇二頁。
(17) もし、南方が作家であったならば、神聖病的な性向と多重する意識という共通する要因によって、ポリフォニックな作家になっていたかもしれない、と想像することはあながち根拠のないことではない。だが、熊楠は、『水滸伝』『三国史』や『金瓶梅』などの支那小説とか滝沢馬琴などの江戸期の文学にはとても執着したが、西欧の近代小説については、まったく関心をしめさなかった。かれの同級生であった夏目漱石は、ドストエフスキーの神聖病について語っているが(「思ひ出す事ども」『漱石全集8』岩波書店、一九六六年、三二六―三三一頁)、南方にはドストエフスキーについての記載はないようだ。
(18) 中瀬喜陽編『南方熊楠書簡 盟友毛利清雅へ』日本エディタースクール出版部、一九八八年、八三頁。
(19) グリエルマ・リスター「日本産粘菌について」『南方熊楠百話』二九二―二九四頁。
(20) 長谷川興蔵「『珍事評論』の撃つもの」『現代思想』一九九二年七月号、二〇五頁。
(21) 『全集8』二二四頁。
(22) 中沢新一・長谷川興蔵対談『新文芸読本 南方熊楠』二〇七頁。
(23) この真言の秘法は、絵入りで、『全集9』一六三頁に再掲されている。
(24) 『全集7』一一九―一二五頁。
(25) 長谷川興蔵「平岩内蔵太郎」『南方熊楠を知る事典』二二五頁。

第三章

(1) 平凡社版全集で八頁をしめる、明治四十四年十月十五日づけ柳田あて書簡(『全集8』一八一―一八九頁)は、同日夜に書きはじめて、翌十六日夜にいたって書きおわった、と南方は述べている。本文の中松あて書簡が、昼夜をわかたずに、ぶっ続けに書かれたものかどうかは、わからない。かれの書簡でいちばん長いとされているのが、矢吹義夫あてのいわゆる「履歴書」(『全集7』五—六二頁)で、二十五尺五寸の巻紙に約五万字をついやし、三日がかりで書いたという(中瀬喜陽「えんえん三日がかりの手紙も書いた手紙魔」『太陽』352号、一九九〇年、二六—二七頁)。

(2)『全集8』一〇〇—一三二頁。書簡魔であった熊楠は、一日に九人にあてて書簡を出すこともあった(『日記4』四八頁)。

(3)小林秀雄『ゴッホの手紙』一七八頁。

(4)井上有史「てんかん患者の性格」『精神科治療学』5巻9号、一九九〇年、一一二七頁。扇谷明・河合逸雄・井上有史「側頭葉てんかんと幻覚妄想状態」、浜中淑彦・河合逸雄・三好暁光編『幻覚・妄想の臨床』医学書院、一九九二年、八六頁。扇谷明『情動と側頭葉てんかん』医学書院、一九九三年、一〇二頁。波多野和夫・森宗勧・田中薫・浜中淑彦・大橋博司「反響書字について」『幻覚・妄想の臨床』二四九頁。熊楠の場合、日記を欠かさないのも過剰書字傾向と無関係ではないとみられる。かれの日記は、四百字詰め原稿用紙で一万二、三千枚になるという(長谷川興蔵「青春期から雌伏の活躍へ」『現代詩手帖』一九八七年七月号、九五頁)。

(5)中沢新一・長谷川興蔵対談『新文芸読本　南方熊楠』二〇四頁。

(6)『全集7』一〇一頁。

(7)『全集10』一三二頁。

(8)岡茂雄「南方翁の書簡と私」『南方熊楠百話』二五五頁。

(9)『全集8』一七八頁。

(10)『定本柳田国男集23』一九七〇年、筑摩書房、四二六—四二七頁。

(11)津本一郎・東雄司「南方熊楠における異常体験の病跡学的研究」『病跡学会雑誌』6号、一二五頁。

(12) 長谷川興蔵は、南方のお相手は羽山繁太郎で、内蔵太郎は仮託されたに過ぎない、としているが(「平岩内蔵太郎」『南方熊楠を知る事典』二一四頁)、すなおに熊楠の書いたことを信用するほうが自然のように思われる。生き残った内蔵太郎とは、後々までも、手紙による交流があった。繁太郎も内蔵太郎も熊楠のお相手であった。
(13) 岡茂雄「南方翁の書簡と私」『南方熊楠百話』二五七―二五八頁。
(14) 谷崎潤一郎『文章読本』中公文庫、一九七五年、一一七頁。谷崎は、南方熊楠・三宅雪嶺・武者小路実篤を飄逸体の見本としている。
(15) 『全集 別巻1』二三八頁。
(16) 谷崎潤一郎『文章読本』一〇三―一〇四頁。
(17) 小林武「言語としての南方熊楠」『現代思想』一九九二年七月号、六七頁。
(18) 同右書、七一頁。
(19) 『全集7』一二六頁、一三一頁。
(20) フェルディナン・ド・ソシュール『一般言語学講義』小林英夫訳、岩波書店、一九四〇年、一九―三二頁、一七二―一七七頁。
(21) ロラン・バルト『旧修辞学』沢崎浩平訳、みすず書房、一九七九年は、たしかに刺激的な「便覧」であり、けっして生まれることのないだろう『新修辞学』を予告する! しかし、これがすでに十分に新しい。
(22) 小見山実「パトグラフィーにおける妄想と絵画」『臨床精神医学』8巻1号、一四頁。
(23) 『全集7』一三〇頁。
(24) 『定本柳田国男集23』四二八頁。
(25) 『定本柳田国男集 別巻4』一九六四年、四〇三頁。
(26) 同右書、四一三頁。
(27) 『定本柳田国男集 別巻3』一九六四年、三五四頁。

(28)『全集8』六四頁。
(29)同右書、四七六―四八八頁。
(30)同右書、四七八頁。
(31)『定本柳田国男集　別巻4』四二八―四二九頁。
(32)『全集7』一八頁。
(33)『全集　別巻1』三四―三六頁。ここに引用したのは大正六年三月二十七日の書簡であるが、ちょうど一年前にも、柳田は狭量な官僚的な男だ、という趣旨の非難の手紙を上松あてに送っている(同書、一三―一四頁)。
(34)谷川健一「柳田国男と南方熊楠」『南方熊楠百話』四三七頁。この書簡は、筑摩書房の『定本柳田国男集　別巻4』には収載されていない。飯倉照平編『柳田国男・南方熊楠往復書簡㊤』平凡社、一九九四年、二四六―二五六頁に収録されている。
(35)『全集8』一九一―二〇〇頁。
(36)『全集　別巻1』一三―一四頁。
(37)『柳田国男・南方熊楠往復書簡㊤』三一四頁。
(38)『定本柳田国男集23』四二三頁。
(39)同右書、四三〇頁。
(40)同右書、四三二頁。

第四章

(1)『全集8』二一一頁。
(2)同右書、一九四頁。
(3)中瀬喜陽編『南方熊楠書簡　盟友毛利清雅へ』一一五頁。

(4) 同右書、八七頁。
(5) 『全集 別巻1』六頁。
(6) 木村敏「てんかんの人間学」『てんかん学』五五四頁。
(7) 中瀬喜陽「夢の巨人 南方熊楠」『素顔の南方熊楠』一六頁。
(8) 『日記4』一一八頁。
(9) 同右書、二二二頁。
(10) 南方熊楠「古田幸吉宛書簡」『父南方熊楠を語る』二〇一―二〇二頁。
(11) 『日記4』一一七頁。
(12) 笠井清『南方熊楠』一九一頁。
(13) 南方熊楠「英国博物館理事会宛陳状書」、飯倉照平・鶴見和子・長谷川興蔵編『熊楠漫筆』八坂書房、一九九一年、三五三頁。
(14) 『全集7』一三八頁。
(15) 『全集7』九八頁。
(16) 『定本柳田国男集 別巻3』三五五頁。
(17) 河東碧梧桐「『続一日一信』より」『南方熊楠百話』一七六頁。
(18) 南方の知的データベースの構築とその活用に関しては、南方の代名詞になっている博覧強記を維持するための熊楠のたゆみない努力について、松枝到がすぐれた一文を書いている(「写字生熊楠―南方熊楠の〈読書〉をめぐって」『現代思想』一九九二年七月号、一二二―一二九頁)。
(19) 『全集 別巻2』五二頁。
(20) C・E・ブラッカー「南方熊楠 無視されてきた日本の天才」『南方熊楠百話』四五四頁。
(21) F・V・ディキンズの物心両面での援助がなかったなら、南方のロンドン生活の破綻はもっと早くなったかもしれない。ディキンズは、幼年時代に広東に来たあと、十四歳の時に来日して、品川の東禅寺で剃髪、僧形で茶坊主をつとめ（『全集8』一九七頁、『全集9』七七頁）、二十二歳の時から英国海軍軍医将校として中国や日本で活躍し、英国公使ハリー・パークスの下で日本政府との交渉の任にあたった（松居竜五「ディキンズ」『南方熊楠を知る事典』二五八頁）。その前後に、横浜で医師と弁護士を開業し、マリア・ルズ事件の弁護人として開国日本の歴史にその名を残した（丸山幹治『副島種臣伯』みすず書房、一九八七年、一九一頁）。

（22）『全集 別巻1』六三頁。

（23）松居竜五『南方熊楠 一切智の夢』一六五—一八四頁。

（24）同右書、一七〇—一八一頁。笠井清『南方熊楠』一三六—一三八頁。鶴見和子『南方熊楠』講談社学術文庫、一九八一年、一三九—一四〇頁。神坂次郎『縛られた巨人』新潮文庫、一九九一年、一六二—一七〇頁。

（25）牧田健史「南方熊楠の大英博物館内殴打事件」『南方熊楠百話』五五—五六頁。

（26）津本陽『巨人伝』文藝春秋、一九八九年、一八〇—一八一頁。

（27）非常に豊富な幻視体験のある熊楠ではあるが、幻聴についての記載はあまり多くない。幻聴の命令によって暴力をふるったと考えるより、病的な情動のゆらぎが臨界点に達していて、ささいなことから暴力行為が触発された、と見るほうが真実に近いであろう。この解釈は、熊楠の被害念慮を除外するものではもちろんない。

（28）『全集 別巻2』三一—三二一頁。

（29）南方熊楠「英国博物館理事会宛陳状書」『熊楠漫筆』三四九—三六三頁。

（30）松居竜五『南方熊楠 一切智の夢』一七一頁。

（31）牧田健史「ダニエルズ」『南方熊楠を知る事典』二六九—二七〇頁。

（32）四月十三日のところに「チルベリー・ドックに津田氏を訪。水兵案内半にして津田氏到り巨細《こさい》示され、後宴室に入り酒及ソーダ水を予《あた》えられ」とあるので、今回も酒食のもてなしであったと思われる。

（33）中瀬喜陽「南方熊楠について—未公刊資料 南方熊楠日記 一八九六（明治二九）年」『くちくまの』95号、一九九三年、四七—五六頁。
(34) E・クレペリン『躁うつ病とてんかん』西丸四方・西丸甫夫訳、みすず書房、一九八六年、二〇頁。
(35) 『全集7』二四頁。
(36) 竹内善信「若き熊楠再考」、長谷川興蔵・竹内善信校訂『南方熊楠 珍事評論』平凡社、一九九五年、二六九頁。熊楠がダニエルズを殴打したのは、明治三十年十一月八日で、送金不能の常楠の書簡を熊楠が受け取ったのは、明治三十二年一月三十一日という指摘は重要である。
(37) 南方熊楠「英国博物館理事会宛陳状書」『熊楠漫筆』三五一—三六三頁。
(38) 津本一郎「夏目漱石と南方熊楠」『病跡学会雑誌』6号、四四頁。
(39) 『全集7』一八頁。
(40) 扇谷明『情動と側頭葉てんかん』一〇五頁。
(41) 同右書、一一六頁。
(42) 松居竜五『南方熊楠 一切智の夢』一七〇頁。
(43) 『全集 別巻2』二〇七頁。

第五章

(1) 『全集8』一九九頁。
(2) 『全集7』九一頁。
(3) 『日記2』二九四頁。
(4) 『全集8』一〇五頁。
(5) E・クレペリン『躁うつ病とてんかん』四九頁。
(6) 『日記3』五六頁。

（7）杉村武「素っ裸の南方熊楠翁」『南方熊楠百話』二〇九頁。杉村武もまた朝日新聞記者として活躍した。
（8）同右書、同頁。
（9）扇谷明『情動と側頭葉てんかん』五三頁。
（10）毛利柴庵「南方先生と語る」『南方熊楠百話』一一一頁。
（11）鶴見和子『南方熊楠』二二二―二三二頁。
（12）中瀬喜陽による要をえたサマリーがある（「神社合祀反対運動」『南方熊楠を知る事典』五八―六三頁）。
（13）神坂次郎「熊楠伝説・断章」『南方熊楠の図譜』二〇五頁。括弧の部分は、神坂の補足。原典は南方熊楠「大山神社合祀反対に関する古田幸吉宛書簡」『父南方熊楠を語る』二一二頁。
（14）毛利柴庵「南方先生と語る」『南方熊楠百話』一〇九―一一一頁。
（15）神坂次郎「熊楠伝説・断章」『南方熊楠の図譜』二〇五頁。中瀬喜陽「神社合祀反対／自然保護」『南方熊楠書簡　盟友毛利清雅へ』四―六頁。
（16）ギューリエルマ・リスター「日本産粘菌について」『日記』月報4、三頁。
（17）たしかに、南方自身がそのように述べてはいる（「古田幸吉宛書簡」『父南方熊楠を語る』二〇七頁）。
（18）長谷川興蔵「酒」『南方熊楠を知る事典』八三頁。入矢義高「南方熊楠と仏教」『全集7』五九七頁。笠井清『南方熊楠』二三三頁。南方文枝「父南方熊楠を語るⅡ」『素顔の南方熊楠』一五七頁。
（19）C・E・ブラッカー「南方熊楠　無視されてきた日本の天才」『南方熊楠百話』四五〇頁。
（20）『日記4』三三三頁。
（21）『定本柳田国男集　別巻3』三五四―三五五頁。
（22）長谷川興蔵「南方熊楠交遊人名録粗稿」『日記』月報4、五頁。
（23）『日記』三三三頁。
（24）『定本柳田国男集　別巻3』三五五頁。

(25) D・スイートマン『ゴッホ』四二六―四二七頁。
(26) 木本至「南方熊楠の筆禍事件」『南方熊楠百話』一三一―一三二頁。この部分は、医史学者田中香涯からの引用として、掲載されている。信憑性に関しては、まずまずのところと思われる。
(27) 笠井清編『南方熊楠書簡抄・宮武省三宛』吉川弘文館、一九八八年、二二頁。
(28) 坂口総一郎「高野登山随行記」『南方熊楠百話』一八二―一八四頁。
(29) 笠井清『南方熊楠外伝』一六―一七頁。平野威馬雄『くまくす外伝』濤書房、一九七二年、三一一―三一二頁。
(30) 長谷川興蔵「酒」『南方熊楠を知る事典』八三頁。
(31) 同右書、同頁。大山公淳によると「一山の大衆が会したのであるが、翁は感情のおもむくままに専門の話を進められ、ついに感激極まって泣きくずれ、講演会がそのままになった」ということになっている(「土宜法竜師と南方熊楠翁」『全集』月報3、四頁)。
(32) 笠井清『南方熊楠外伝』一八―一九頁。
(33) 長谷川興蔵「酒」『南方熊楠を知る事典』八三頁。
(34) 『全集7』一二三一頁。
(35) 中村希明『怪談の科学』講談社、一九八八年、六四頁。
(36) 毛利柴庵「神島の歌碑」『南方熊楠百話』一六〇頁。
(37) 牟婁新報社「人魚の裁判」『南方熊楠百話』一二二頁。
(38) 河東碧梧桐「『続一日一信』より」『南方熊楠百話』一七四―一七六頁。
(39) 『全集 別巻2』一〇〇頁。
(40) 『日記2』一二九頁。
(41) 笠井清『南方熊楠』三二三頁。

(42) 同右書、同頁。
(43) 宮所恒楠「南方熊楠先生と入野村」『南方熊楠百話』一三頁。
(44) 野田つるゑ「南方家でのご奉公」同右書、二一五頁。
(45) 笠井清『南方熊楠』二〇九頁。神坂次郎「浮世絵ブローカーからカスミのかかった竹吉まで。親分クマグスをとり巻く愛すべき友人たち」『太陽』352号、三〇頁。
(46) 中瀬喜陽「南方熊楠ノート③」『フォークロア』3号、一九九四年、一二七頁。
(47) 小林秀雄『ゴッホの手紙』一三七頁。

第六章

(1) 『全集9』四〇九頁。
(2) 扇谷明『情動と側頭葉てんかん』一八―四三頁。
(3) 『全集7』四六一頁。
(4) 『全集 別巻1』四二六頁。「脾疳」は、食疳ともいい、「腹膜あるいは腸間膜淋巴腺の結核性病変のため身体るい痩し腹部のみ膨大せる状態」(西山英雄編『漢方医語辞典』創元社、一九七九年、による)という説もある。腸間膜結核ということになるが、熊楠のいう脾疳が、腸結核であった可能性は低いのではないか。まったくの推測にすぎないが、もっと一過性で、高熱と熱性痙攣をともなう、細菌性かウイルス性の感染症であったとするほうが、すっきりする。幼児期の熱性疾患のために、海馬硬化がおこり、性的倒錯をともなうてんかん症になった例(扇谷明『情動と側頭葉てんかん』九六―九七頁)などが参考になるのではないか。
(5) 『全集7』一三〇頁。
(6) 『日記4』三八頁。
(7) 『日記』の夢の記事の表記法などからも、明恵の「夢の記」(『明恵上人集』岩波文庫、一九八一年)が彼の念頭にあったと思われる。夢幻をさまよった紀伊出身の明恵については熟知していたはずの熊楠だが、明恵についての記事はあるものの(『全集6』四一〇—四一七頁)、明恵の夢については何も語っていない。

(8) 『日記4』一二八頁。
(9) 同右書、一三三頁。
(10) 同右書、三一〇頁。
(11) 『全集 別巻2』一四一頁。
(12) 加賀乙彦『ドストエフスキイ』中公新書、一九七三年、一五九頁。
(13) 野口利太郎「南方兄弟の関係について」『南方熊楠百話』一三三一頁。
(14) 『日記4』九四頁。
(15) 同右書、四六頁。
(16) 同右書、二八頁。
(17) 『全集7』四六五頁。
(18) 『全集6』一〇頁。
(19) 『日記2』三六三頁。
(20) 『日記3』一四頁。
(21) 同右書、一七頁。
(22) E・クレペリン『躁うつ病とてんかん』三一頁。
(23) 小林秀雄『ゴッホの手紙』一二六頁。
(24) D・スイートマン『ゴッホ』四三七頁。
(25) 小林秀雄『ゴッホの手紙』一二六頁。
(26) 南方熊楠「古田幸吉宛書簡」『父南方熊楠を語る』一九九頁。

(27) D・スイートマン『ゴッホ』四三六頁。
(28) 小林秀雄『ゴッホの手紙』一二七頁。
(29) 『全集2』二六〇頁。
(30) 『日記2』四三一頁。
(31) 笠井清『南方熊楠外伝』一〇頁。
(32) 『全集7』四六六―四六七頁。
(33) E・クレペリン『躁うつ病とてんかん』四六頁。
(34) 江川卓『ドストエフスキー』岩波新書、一九八四年、一五四―一六八頁。
(35) 大橋博司「19世紀以降における幻覚概念」『幻覚・妄想の臨床』八頁。
(36) F・ド・ソシュール『一般言語学講義』九五―九七頁。
(37) 『全集7』一二八頁。
(38) 『全集7』三一頁。
(39) K・ヤスパース『精神病理学原論』西丸四方訳、みすず書房、一九七一年、六三―六四頁。
(40) 新宮一成「妄想の主題としての『守護』の位置づけについて」『幻覚・妄想の臨床』四八頁。
(41) 『全集7』四六六頁。
(42) 『全集5』一〇〇頁。
(43) 『全集9』五五三頁。
(44) 『全集 別巻1』一一四―一六〇頁。
(45) 安部辨雄「心のつかえ」『南方熊楠百話』二四〇―二四一頁。
(46) 『全集 別巻1』一五九頁。
(47) 同右書、一六〇頁。

(48) K・ヤスパース『ストリンドベルクとファン・ゴッホ』二〇六―二〇七頁。P・D・マックリーンは、側頭葉てんかん者の間発作時のパラノイア様の感情が、時に分裂病のそれと誤診されることを指摘している(P. D. McLean, op. cit., p. 440-442)。

(49) 村田忠良「てんかんの病跡学」『てんかん学』五七〇頁。ゴッホの母方の家系には、てんかんの遺伝歴があったとされている(式場隆三郎『ファン・ゴッホ』二一頁。藤村信『ゴッホ 星への旅(下)』岩波新書、一九八九年、三頁)。式場のこのゴッホ伝は、一九五〇年代までの世界の精神医学界のゴッホについての病跡学の総括的で要領のいいサマリーを提供している(『ファン・ゴッホ』二五一―二六七頁)。

(50) 熊楠は、熊弥の発病を契機として断酒したとされている。一時、ほとんど病的な渇酒狂であった熊楠が、酒を手にしなくなったほど、愛児の発病は衝撃であった。かれは大酒が熊弥発病の原因と考えていたので、いっそう自責の念にかられてもいた(笠井清『南方熊楠外伝』二〇―二一頁)。

(51) ジグムント・フロイト『夢判断(上)』高橋義孝訳、新潮文庫、一九六九年、三六五頁。

(52) 男色と花の取り合わせについては、岩田準一あて書簡(『全集9』)に述べている。

(53) R・ヤーコブソン『一般言語学』二一―四四頁。丸山圭三郎『ソシュールの思想』岩波書店、一九八一年、九八頁。

(54) S・フロイト『夢判断(上)』三九四―四〇〇頁。

(55) 丸山圭三郎は、イェルムスレウが後になって提唱した rapport paradigmatique(範列関係)ということばよりもソシュールが使用していた rapport associatif(連合関係)の方を推奨している(『ソシュールの思想』九九頁)が、本書では、ジョエル・ドール『ラカン読解入門』小出浩之訳、岩波書店、一九八九年、に出てくるので「パラディグマティク」を採用している。なお、「類似性」については、R・ヤーコブソン『一般言語学』二一―四四頁を参照のこと。

(56) S・フロイト『夢判断(上)』三五九―三九四頁。

(57) J・ドール『ラカン読解入門』四八―五二頁。ランガージュの二つの軸については、R・ヤーコブソン『一般言語学』二一―四四頁がすぐれた総説となっている。
(58) 『全集9』一九―二一頁。
(59) 中瀬喜陽「昭和天皇」『南方熊楠を知る事典』三二三―三二四頁。『竹馬の友へ 小笠原誉至夫宛書簡』二五頁によると、この怪我は橇で山を下った際にできた両肘の怪我であったようだ。
(60) これはたぶん痛風であったと想像される。
(61) 桐本東太「ミナカタ宇宙論の彼方」『現代思想』一九九二年七月号、一七九頁。
(62) 中沢新一『森のバロック』せりか書房、一九九二年、三七六―三七八頁。
(63) R・ヤーコブソン『一般言語学』二一―四四頁。
(64) 木村敏「てんかんの人間学」『てんかん学』五六四頁。
(65) 正常者における幻覚については、島崎敏樹『孤独の世界』中公新書、一九七〇年、中村希明『怪談の科学』などを参照されたい。
(66) 高橋剛夫・松岡洋夫「てんかんの臨床像II 発作症状(2)」『てんかん学』九八頁。四肢の運動に依存する幻覚が起こるてんかんを、運動てんかんと呼ぶこともある。
(67) 河合逸雄「アウラ―特に発作性幻覚について」『幻覚・妄想の臨床』六八頁。
(68) 風祭元・菅野道「てんかんの臨床像I 発作症状(1)」『てんかん学』八一頁。
(69) 『全集8』四七五頁。
(70) 『全集7』四六六頁。
(71) 『全集7』二二頁。
(72) 津本一郎・東雄司「南方熊楠における異常体験の病跡学的考察」『病跡学会雑誌』5号、二六頁。
(73) 井筒俊彦『井筒俊彦著作集3』中央公論社、一九九二年、二一三頁。

(74)『全集9』二五頁。
(75)『全集 別巻1』三六九頁。
(76)同右書、四二―四三頁。
(77)E・クレペリン『躁うつ病とてんかん』四五頁。
(78)河合逸雄「アウラ―特に発作性幻覚について」『幻覚・妄想の臨床』七〇頁。興味ある類似症例の二、三の記載が、P. D. McLean, op. cit., p. 442 にある。「発作のアウラのときに、誰かがすぐ後ろにいるという感情にとらわれる若い男性を治療したことがある。もし、その患者が後ろにいるのは誰だろうと、振り返ると、その感情はいっそう強まり、そのあげく患者は全身痙攣発作におちいるのであった」。
(79)『日記2』四二一頁。
(80)河合逸雄「アウラ―特に発作性幻覚について」『幻覚・妄想の臨床』七〇頁。
(81)『定本柳田国男集23』四三六頁。
(82)笠井清『南方熊楠外伝』一四頁。
(83)『全集 別巻1』四三一頁。
(84)『全集9』四一〇頁。
(85)『全集 別巻1』三五三頁。
(86)中瀬喜陽編『南方熊楠書簡 盟友毛利清雅へ』一五〇頁。
(87)同右書、一四三頁。
(88)『全集7』三五頁。
(89)井上有史「てんかん精神病の幻覚と妄想」『幻覚・妄想の臨床』七五―七六頁。このサイクルをクレペリンは「気分はいろいろ変わる。患者は心痛がひどく、不安で、緊張しているかと思うと愉快で昂揚して色情的になる。しかし、いつもひどい暴力を振るう傾向がある」と記載している(『躁うつ病とてんかん』三四頁)。扇谷明

『情動と側頭葉てんかん』一〇五—一一二頁。

(90) 村田忠良「てんかんの病跡学」『てんかん学』のなかで引用されているD・スコットの論文(五六九頁)。

(91) ジュール・ロマン『アレクサンドロス大王』大牟田章訳、小学館、一九八四年、二八七—三一三頁。しかし、大牟田章氏によれば、アレキサンダーがてんかん患者であったという論文は、やはり、ないという(私信)。

(92) プルターク『プルターク英雄伝9』河野与一訳、岩波文庫、一九五六年、七一—一〇四頁。

(93) 杉村楚人冠「三年前の反吐《へど》」『南方熊楠百話』一六六頁。

(94) 村上仁『芸術と狂気』みすず書房、一九五〇年、四一頁。

(95) 楠本秀男「高野のひと月」『南方熊楠百話』一八五—一八六頁。

(96) 『日記1』二〇三頁。ところが、明治十九年二月五日の日記には、「昨日小川昌八郎教室にて癲癇起る。井上十吉、為に授業を廃すること半時間と云」との他人の発作の記載があるもののじぶんのてんかん発作についての記載がない。じぶんの発作を、小川に仮託したとも思えない。同年十月十一日「朝五斗米信吉に之き診察を乞ふ」という記事や、十月二十三日「本日病気に付、会を延引す」とあるのが、発作と関連した記事であったと推測される。「十月以後初めてなり」というのだから、十月二十三日の渡米送別会を延引した病気が発作であった可能性がある。大学予備門在学中の脳漿に疾を感じた頃に最初の大発作が起こったと思われる。

(97) 和田豊治・扇谷明「てんかん学の歴史、概念、定義」『てんかん学』三七頁。クレペリンは、痙攣発作のないてんかん患者について、つぎのように述べている。「一人の患者は、しばしば癲癇性混迷に陥ったが痙攣を起こしたことは全くなく、ただ二回短時間の失神があっただけであった。またある患者は著しい形の癲癇性性格変化を示し、更に周期性不機嫌と激しい暴力行為があり、なお病的な酩酊状態も示したが、しかし一回だけ失神と、一度は夢中遊行の発作もあったが、痙攣は全くなかった。またある患者は半年毎に短い間続く重い朦朧状態を示し、なお著しい周期性不機嫌もあったが、痙攣も失神もあったことはなく、最後にはまぎれもない癲癇人格に陥った」(『躁うつ病とてんかん』九七頁)。

(98)『全集7』一四九頁、『全集8』二三九頁、『全集 別巻1』四九四頁。
(99) 毛利柴庵「南方先生は予審免訴」『南方熊楠百話』一一一頁。
(100) 南方熊楠「古田幸吉宛書簡」『父南方熊楠を語る』二〇五頁。
(101) E・クレペリン『躁うつ病とてんかん』九六頁。
(102) 木村敏「てんかんの人間学」『てんかん学』五五八頁。
(103) 笠井清『南方熊楠外伝』二〇—二一頁。
(104) 野口利太郎は南方家出入りの陶器商で、アララギ派の歌人。南方家の執事的な役目を果たしていて、熊弥の世話もした人(中瀬喜陽「夢の巨人 南方熊楠」『素顔の南方熊楠』六一頁)。
(105) 南方文枝「終焉回想」『父南方熊楠を語る』七五頁。

第七章

(1) 村田忠良「てんかんの病跡学」『てんかん学』五六九頁の、D・スコットからの引用による。村田は、スコットの論文を鵜呑みにすることの危険性を指摘している。
(2) 小田晋『狂気・信仰・犯罪』二〇一頁。
(3) 安永浩「『中心気質』という概念について」、木村敏編『てんかんの人間学』東京大学出版会、一九八〇年、四七—五〇頁。
(4) オーセイ・テムキン『てんかんの歴史2』和田豊治訳、中央洋書出版部、一九八九年、四〇九頁。
(5) 村上仁『芸術と狂気』三七—四七頁。
(6) 村田忠良「てんかんの病跡学」『てんかん学』五七〇—五七八頁。徳田良仁「芸術創造と幻覚」『臨床精神医学』増刊5巻13号、一九七六年、一五五頁。
(7) E・クレッチュマー『天才の心理学』九三頁、三一八頁。

(8) アーヴィド・カールソン、レナ・カールソン『脳のメッセンジャー』楢林博太郎・飯塚礼二訳、医学書院、一九九三年、一二〇―一二二頁。
(9) 木村敏「てんかんの人間学」『てんかん学』五五三―五六五頁。
(10) 安永浩「『中心気質』という概念について」『てんかんの人間学』二一一―五七頁。
(11) 木村敏「てんかんの人間学」『てんかん学』五六二頁。
(12) 安永浩「『中心気質』という概念について」『てんかんの人間学』二六頁。
(13) ヒッポクラテス「ヒッポクラテスの医学」、田村松平編『ギリシャの科学』大橋博司訳、中央公論社、一九八〇年、一九四―二〇七頁。
(14) 木村敏「てんかんの存在構造」『てんかんの人間学』六〇頁。
(15) E・クレッチュマー『天才の心理学』二九頁。
(16) 同右書、二八―二九頁。
(17) 木村敏「てんかんの存在構造」『てんかんの人間学』六二頁。
(18) 『日記1』三九八頁。
(19) 『全集7』三五〇頁。
(20) 南方熊楠「南方熊楠多屋たか往復書簡」『熊楠漫筆』三二〇頁。
(21) もっとも、いわゆる「履歴書」(『全集7』五―六二頁)をそれと見ることもできなくはないが。
(22) E・クレッチュマー『天才の心理学』二七頁。村上仁『芸術と狂気』一一頁。テムキンによると、このことに最初に言及したアリストテレスの『問題集』は偽書であったらしい(O・テムキン『てんかんの歴史1』一五三頁)。
(23) E・クレッチュマー『天才の心理学』二七頁。
(24) スティーヴン・ジェイ・グールド『ダーウィン以来(下)』浦本昌紀・寺田鴻訳、早川書房、一九八四年、一二二一一三二頁。

(25) W・ランゲ＝アイヒバウム『天才』島崎敏樹・高橋義夫訳、みすず書房、一九五三年。
(26) 宮本忠雄「Pathographie 研究の諸問題（その2）」『精神医学』6巻9号、一九六四年、六三八頁。
(27) 『全集7』四六七頁。
(28) 村田忠良「てんかんの病跡学」『てんかん学』五六七頁。
(29) F・ローラッヘル『性格学入門』三八―三九頁。
(30) 笠井清『南方熊楠』二一六―二一七頁。
(31) 中瀬喜陽「南方家のお梅／泓田さんの話」『南方熊楠百話』二三〇頁。
(32) 杉村楚人冠「三年前の反吐《へど》」『南方熊楠百話』一六六頁。
(33) 杉村武「素っ裸の南方熊楠翁」『南方熊楠百話』二〇七頁。
(34) 『定本柳田国男集23』四三二頁。
(35) 松橋俊夫「てんかん的基本構造と職業」『てんかんの人間学』一〇六―一〇七頁。
(36) E・クレッチュマー『天才の心理学』九三頁。
(37) 松橋俊夫「てんかん的基本構造と職業」『てんかんの人間学』一〇七頁。
(38) 木村敏「てんかんの人間学」『てんかん学』五五四頁。
(39) K・ヤスパース『ストリンドベルクとファン・ゴッホ』二一三頁。
(40) 松橋俊夫「てんかん的基本構造と職業」『てんかんの人間学』一二八頁。
(41) 同右書、一二七頁。
(42) 木村敏は、てんかん性存在様式ないしその構造契機に、「精神分裂病や躁うつ病、とりわけ『非定型性精神病』あるいは『周期性精神病』と呼ばれている一群の病像に一定の特徴を刻印する病像形成的な要因としての重要な意味」を認めている（「てんかんの存在構造」『てんかんの人間学』六二頁）。

(43) 飯田真「概説」『精神の科学9 創造性』岩波書店、一九八四年、六頁。
(44) E・クレッチュマー『天才の心理学』九六頁。
(45) 宮本忠雄「Pathographie 研究の諸問題(その1)」『精神医学』6巻8号、一九六四年、五六九—五七一頁。
(46) 飯田真「概説」『精神の科学9 創造性』一〇—一二頁。
(47) 福島章「天才の創造性」『現代精神医学大系25』中山書店、一九八一年、一五一頁。
(48) 小田晋『狂気・信仰・犯罪』二〇〇頁。
(49) O・テムキン『てんかんの歴史1』xv頁。
(50) 小西輝夫は、日本の傑出宗教家十一人のうち、分裂気質圏に最澄・明恵・一休・良寛の四名、循環気質圏に空海・法然・日蓮・蓮如の四名、てんかん気質圏に親鸞・一遍の二名、道元は循環気質・てんかん気質いずれか決め難いとした(『精神医学からみた日本の高僧』牧野出版、一九八一年)。
(51) 小田晋『狂気・信仰・犯罪』二〇〇—二〇一頁。
(52) 同右書、二六三頁。
(53) 小田晋「空海と明恵—夢幻様人格について」『現代のエスプリ』177号、一三二—一三八頁。木村敏も、てんかん性存在構造における意識構造の非連続性、非恒常性が間脳下垂体系機能の構造的脆弱性の別の表現であると見ている(「てんかんの存在構造」『てんかんの人間学』九四頁)。
(54) 津本一郎・東雄司「南方熊楠における異常体験の病跡学的考察」『病跡学会雑誌』5号、一四頁。
(55) 扇谷明『情動と側頭葉てんかん』三頁。小野武年『認知科学6 情動』岩波書店、一九九四年、七一—一四〇頁は、辺縁系についてのすぐれた総説となっている。
(56) P. D. McLean, op. cit., p. 12.
(57) 伊藤正男『脳と心をかんがえる』紀伊国屋書店、一九九三年、一六五頁。
(58) 扇谷明『情動と側頭葉てんかん』一〇一—一〇二頁。

(59) P. D. McLean, op. cit., p. 412.
(60) Norman Geschwind, Behavioral Change in Temporal Lobe Epilepsy, *Archives of Neurology*, vol. 34, 1977, p. 453.
(61) 荻野恒一・河合逸雄「精神病理と病跡学」『現代精神医学大系 11A』中山書店、一九七五年、二一〇頁。
(62) P. D. McLean, op. cit., pp. 415-416.
(63) P. D. McLean, ibid., p. 413.
(64) 扇谷明『情動と側頭葉てんかん』一〇二―一〇三頁。
(65) 南方熊楠「ロンドン私記」『南方熊楠 珍事評論』一七一―二一一頁には、熊楠の「ウィタ・セクシュアリス」が述べられていて興味ぶかいが、これを見ると、かれの「性的活動の低下」については、なお、慎重な検討が必要なようである。
(66) 扇谷明『情動と側頭葉てんかん』一〇四頁。
(67) 徳田良仁もゴッホを側頭葉てんかん者であったと見ている(「芸術創造と幻覚」『臨床精神医学』増刊5巻13号、一五五頁)。ただ、同性愛傾向や性的機能低下がゴッホに見られたという根拠は今のところない。
(68) K・ヤスパース『ストリンドベルクとファン・ゴッホ』一六七―二二六頁。
(69) もちろん、空海がまったく徒手空拳で、独自に日本で密教を創造したわけではない。長安青竜寺の恵果和尚から金剛・胎蔵の両部の密教を相承したのではあるが、空海独自の密教パンテオンとして日本で再構成し、実践的宗教としても完成度の高い神秘仏教の世界を独自に築き上げた、という意味である。
(70) 小野武年「大脳辺縁系と情動の仕組み」、伊藤正男・松本元編『脳と心』日経サイエンス社、一九九三年、一一〇頁。ペイピーズ Papez の有名な情動回路の up-date 版である。
(71) 特定の選択された知覚情報が、側頭葉てんかん者では、辺縁系によって特別な情動を加味されて、行動や意識の一定の異常をもたらすことは、ベアーによって sensory-limbic hyperconnection としてとりあげられた

(David M. Bear, Temporal Lobe Epilepsy — A Syndrome of Sensory-Limbic Hyperconnection, *Cortex*, vol. 15, 1979, pp. 377-384)。この機序は、てんかん者にあっても学習によって成立することが示唆されている(扇谷明『情動と側頭葉てんかん』八九―九一頁)。

(72) 空海『弘法大師空海全集 2』筑摩書房、一九八三年、一二一五頁。

(73) 木村敏「てんかんの存在構造」『てんかんの人間学』八四頁。

(74) 仮説としてではあるけれど、てんかん者でなくても、すぐれた修行家においては、選択された特定の知覚・精神情報と宗教的恍惚との結合が、永年の修行によって、sensory-limbic hyperconnection として成立する可能性が否定できない。本章注(71)参照。

(75) 小田晋「空海と明恵―夢幻様人格について」『現代のエスプリ』177号、一三一頁。

(76) P. D. McLean, op. cit., pp. 414-415.

(77) P. D. McLean, ibid., pp. 415-416.

(78) 木村敏「てんかんの存在構造」『てんかんの人間学』九三頁。

(79) 『全集 7』三六四頁。

(80) 「名」として南方は、宗旨《クリード》、言語《ランゲージ》、習慣《ハビット》、遺伝《ヘレジチー》、伝説《トラジション》などをあげている(『全集 7』三九〇頁)。

(81) 同右書、同頁。

(82) 鶴見和子『南方曼陀羅論』八四―一〇九頁。

(83) 『全集 7』三六五頁。

(84) 同右書、同頁。

(85) 空海『空海全集 第一輯』密教文化研究所、一九六五年、九五頁。

(86) 空海『弘法大師空海全集 2』二二七―二二八頁。

(87) 空海『空海全集 第一輯』九五頁。

(88) 空海『大乗仏典 中国・日本編18 空海』中央公論社、一九九三年、九―一三頁。
(89) 同右書、一一頁。
(90) F・ド・ソシュール『一般言語学講義』九七頁。
(91) 松橋俊夫「てんかん的基本構造と職業」『てんかんの人間学』一一二頁。
(92) 同右書、一一一―一一二頁。
(93) 徳田良仁「芸術創造と幻覚」『臨床精神医学』増刊5巻13号、一五六頁。
(94) 松橋俊夫「てんかん的基本構造と職業」『てんかんの人間学』一一〇―一一二頁。
(95) 同右書、一一二頁。
(96) 『全集7』四六五頁。
(97) 『全集9』二八―二九、五〇八頁。
(98) 『全集7』三五六頁。
(99) 郷間秀夫「幻の熊楠粘菌学とその謎」『現代思想』一九九二年七月号、一〇一頁。
(100) グレゴアール・ニコリス、イリヤ・プリゴジーヌ『散逸構造』小畠陽之助・相沢洋二訳、岩波書店、一九八〇年。
(101) グレゴアール・ニコリス、イリヤ・プリゴジン『複雑性の探求』安孫子誠也・北原和夫訳、みすず書房、一九九三年、三九頁。
(102) 同右書、二五頁。
(103) 環栄賢「熊楠マンダラ」『南方熊楠の図譜』七九―九五頁。
(104) 『全集7』三九〇頁。
(105) 同右書、四六五頁。中村元のいうように、不二一元論を大成したシャンカラと空海の類似については、顕著なものがある(『シャンカラの思想』岩波書店、一九八九年、八頁、七〇六―七〇七頁)。熊楠が「この世界は不二ならず」というときヴェーダンタ的不二一元論が念頭にあったと思われる。
(106) 同右書、二六二頁。

エピローグ

(1) ヒッポクラテス「ヒッポクラテスの医学」『ギリシャの科学』二〇七頁。
(2) 木村敏によれば、かれが編集者である『てんかんの人間学』のような出版物は、世界的にみてもめずらしく、その存在価値が大きい(木村敏「てんかんの人間学」『てんかん学』五五三頁)。
(3) ユージーン・ミンコフスキー『精神分裂病』村上仁訳、みすず書房、一九五四年、二一二—二七四頁。
(4) 安永浩「『中心気質』という概念について」『てんかんの人間学』二二一頁。
(5) 同右書、二二三頁。
(6) 福島章「概説・天才の精神病理」『現代のエスプリ』177号、一五頁。

あとがき

さまざまな謎につつまれて近寄りがたかった南方熊楠に、〈ゲシュヴィント症候群〉という光をあてるとき、複雑にもつれあって閉塞していたその脈絡がほどけ、生き返り、謎を秘めて眠っていたかれのデスマスクが真実を語り始める。

側頭葉てんかんという疾病契機は、熊楠やドストエフスキーやゴッホにくわえて、あまたの宗教的天才《ホモ・スピリチュアーリス》たちを理解するのに役立つのではないだろうか。

かつて、和田豊治氏が日本にてんかん性の偉人がいないのを不思議がったことは本文で紹介したが、日本とて例外ではなかった、という日もやがてくるのではないだろうか。

精神科の専門医ではない著者は、本書の執筆にあたって、多くの出版物のお世話になったが、それらは、できるだけ文献に引用しておいた。なかんずく、『てんかんの人間学』（木村敏編、東京大学出版会）、『情動と側頭葉てんかん』（扇谷明、医学書院）そして『The Triune Brain in Evolution』（Paul D. McLean, Plenum Press）の三著はつねに机上においていた。『てんかんの人間学』は導きの聖書であり、『情動と側頭葉てんかん』はヒントにみちた天啓の書であり、『The Triune Brain in Evolution』は思索をたすける原理の書であった。それぞれの著者に心からの感謝の意をあらわしたい。

また、原稿のいろいろなレベルにおいて、専門的なご意見をいただいた、精神科医師であられる鎌田良知、濱崎壽、松本雅彦、渡部嵐の諸氏に当然な謝辞をささげたい。とりわけ、京都大学医療技術短期大学部松本雅彦教授と正光会宇和島病院濱崎壽副院長には、原稿の一部を読んでいただいたり、適切な資料をご提供いただいたりした。ここに深謝申しあげる。

そして、原稿を発見し、書肆にご紹介の労をとってくださった京都大学医学部畑中正一名誉教授と、過熟児ぎみで、難産であった本書をトリミングし、陰影を濃密にしたうえで、無事に産み落としてくださった岩波書店編集部高村幸治氏にも満腔の謝意を表明する。

■岩波オンデマンドブックス■

天才の誕生——あるいは南方熊楠の人間学

1996年 5月29日 第1刷発行
1996年 11月5日 第2刷発行
2014年 8月8日 オンデマンド版発行

著 者 近藤俊文《こんどうとしふみ》

発行者 岡本 厚

発行所 株式会社 岩波書店
〒101-8002 東京都千代田区一ツ橋 2-5-5
電話案内 03-5210-4000
http://www.iwanami.co.jp/

印刷/製本・法令印刷

ISBN 978-4-00-730122-3 Printed in Japan